DUMONT

WANDERZEIT
IM
HOCH- &
SÜDSCHWARZWALD

Herrlich entspannte Touren zum Abschalten & Genießen

**Kai Glinka &
Florian Wachsmann**

KAI GLINKA
FLORIAN WACHSMANN

ÜBER UNS

Kais erste Wanderung war ein Abenteuer: auf den Schultern seines Onkels durch ein Hochmoor im Allgäu. Dass besagter Onkel zwischendurch mal bis zur Hüfte im Wasser stand? Geschenkt. Sie hatten einen Riesenspaß. Bis heute wirkt dieses Kindheits-Abenteuer nach. Auch Florian, der einen Teil seiner Kindheit am Alpenrand verbrachte, durfte schon früh auf eigenen Wanderbeinen stehen. Seit mehr als 20 Jahren leben beide nun in Freiburg. Und wenn sie nicht gerade wandern oder darüber schreiben, arbeiten sie als Redakteure für den Burda-Verlag in Offenburg.

Unsere persönliche Wanderweisheit:

» Wenn der Schuh passt, geht's überall durch!

LIEBE LESERIN, LIEBER LESER.

Den Schwarzwald vor der Tür zu haben, gehört zur landschaftlichen Luxusausstattung – von den Rebhängen des Markgräflerlandes über urwüchsige Täler und Schluchten bis zu erfrischenden Seen. Oben auf dem Feldberg, dem höchsten Gipfel Baden-Württembergs, zeigt sich die Wanderwelt in alpiner Hochform. Die Region ist für Draußenmenschen beinahe unerschöpflich: Immer wieder gibt es eine neue Tour zu entdecken, ein neuer Pfad zu beschreiten.

Und nicht nur das, denn der Schwarzwald mit seinen Restaurants, Gasthöfen und Vesperstuben blickt auf eine lange kulinarische Tradition zurück. So lässt sich die Bergwelt als Genusslandschaft erleben, die hier mit Panoramen und Wegen unter Tannen, dort mit bodenständiger Herdkunst glänzt.

Eine herrlich entspannte Wanderzeit wünschen

Kai Glinka und *F. Wood*

INHALT

UND SONST SO?

UNTERWEGS AUF DEN SCHÖNSTEN STRECKEN ...

WASSER-WELTEN

» Im märchenhaften Hotzenwald glitzert die flache Wuhre silbern in der Sonne. Ist man einmal barfuß, verschmelzen Pfad und Wasserlauf zu einem verschlungenen Weg. Tour 20, zwischen Am Heidenwuhr und Rheinblick, Seite 209

ROCK AM FLUSS

» Spektakulärer ist kein Weg im Schwarzwald. Versprochen. Direkt am Ufer der gurgelnden Wutach geht's an der Steilwand entlang über die Felsen. Spritzig! Tour 14, zwischen Baumstammbrücken und Dorfkiosk Bachheim, Seite 148f.

ÜBER STOCK UND STEIN

» Auf dem Feldbergsteig wird's beinahe alpin. Der grandiose Pfad schnörkelt sich sehenswert hinab ins Tal. Da sollten die Sohlen geländegängig sein. Tour 11, zwischen Feldberggipfel und Zastler Hütte, Seite 119f.

UND AB DIE KIRSCHE!

» Mehr Kulturlandschaft als in den herrlichen Streuobstwiesen des Eggenertals geht nicht. Und schöner geht's eigentlich auch nicht. Tour 8, zwischen Eggenertal und Grenzbänkli, Seite 89f.

SKURRILE FELSGESTALTEN

➤ Mit großen Augen tappt man staunend durch die bizarr geformten Felsen der Wolfschlucht. Statt Wölfen heult hier aber nur noch die Museumsbahn im Vorbeifahren. Tour 19, zwischen Kandertalbahn und Brudersloch, Seite 198f.

AUF DENKER-SPUREN

➤ Für den naturverbundenen Philosophen Martin Heidegger war Todtnauberg Inspirations- und Rückzugsort zugleich. Die Frage nach dem Warum beantwortet die Runde durchs Hochtal. Tour 10, zwischen Aussichtsbank Buche und Gedächtniskapelle, Seite 108f.

IM REBENMEER BADEN

➤ Sanft wogen die Weingärten über den Hang des Schönbergs in Freiburg. Der Wanderweg führt mitten hindurch und bietet traumhafte Aussichten auf Stadt und Rheintal. Tour 4, zwischen Bahnhof Freiburg St. Georgen und Sängerruh, Seite 48f.

ALLE TOUREN IM ÜBERBLICK

Emmendingen

FLAIR & EIN SCHUSS ROMANTIK #1

Breisach am Rhein

FREIBURG IM BREISGAU

FREIBURG IM PARADIESGAU #4

SCHAUINSTAL #5

ZURÜCK IN DIE URZEIT #6

FRANKREICH

Müllheim im Markgräflerland

KULINARISCHER TRIATHLON #9

Wittenheim

Kingersheim

Pfastatt Illzach

MÜLHAUSEN

Riedisheim Rixheim

#8 **EIN OBSTGARTEN**

WO'S CHANDERLI SCHNAUFT #19

Zell im Wiesental

EIN HAUCH VON BERGSPORT #18

Lörrach

Villingen-Schwenningen

#2 IM BAROCKEN HIMMEL

#3 DURCH DIE SALATSCHÜSSELN

Titisee-Neustadt

#7 MOORE & MÜHLEN

#12 ZWISCHEN IDYLL & KLISCHEE

Titisee

#13 WO DER BIBER NAGT & BAUT

NATURPHILOSOPHIE

#10

#11 GANZ NACH OBEN

#14 WILDE WASSER

Todtnau

Schluchsee

#15 SOMMER-FEELING

#16 EINMAL UM DEN DOM

#17 DURCH DEN MÄRCHENWALD

DEUTSCHLAND

SCHWEIZ

#20 WASSER TRETEN IM WUHR

Waldshut-Tiengen

... UND AUCH PAUSE MACHEN NICHT VERGESSEN

FENSTER IN DIE EISZEIT

» Kristallklar, spiegelglatt und fast kreisrund: Der Feldsee macht als Promi unter den Schwarzwald-Seen alles richtig. Ein seltener Unterwasser-Farn verhindert aber den Köpper. Nur der Zeh darf kurz rein. Tour 11, Stopp 6, Feldsee, Seite 121

PLANSCHEN WIE EIN FÜRST

» Auch der Schwarzwald hat ein Stück Karibik zu bieten. Die lauschige Sandbucht am Südufer des Schluchsees ist ein Traum für alle Wasserratten und Sonnenanbeter. Tour 15, Stopp 3, Kaiserbucht, Seite 159

FELSIGER AUSGUCK

» Klar, dass sich an so einer Stelle einst Raubritter eine Burg hinstellten. Von der ist heute allerdings nicht mehr viel zu sehen. Egal, bei der fantastischen Aussicht bleibt genug zu gucken! Tour 5, Stopp 5, Kybfelsen, Seite 60

NAH AM WASSER GEBAUT

» Sie rauscht lauter, als sie klappert. Die Getreidemühle in der Ravennaschlucht könnte romantischer nicht liegen. Das schicke Denkmal funktioniert immer noch tadellos. Tour 7, Stopp 4, Großjockenmühle, Seite 80

HINTER MÄCHTIGEN MAUERN

» Rasten wo Ritter einst ratzten? Auf jeden Fall! Die Ruine Hochburg, Badens drittgrößte Ruine, ist komplett frei zugänglich und lädt zum Entdecken ein. Tour 1, Stopp 5, Ruine Hochburg, Seite 20

GSCHWIND VERBUZZT

» In einem der ältesten Gasthöfe des Markgräflerlandes, dem Hirschen in Holzen, ist alles, was aus der Küche kommt, alemannisch. Wer dienstags nur Bahnhof versteht: Ziebelwaie. Nicken. Genießen. Tour 19, Stopp 4, Gasthaus Hirschen, Seite 200

SCHWARZWÄLDER SCHINKEN

» Vorsicht: An den dicken Schwarten der Rokokobibliothek St. Peter beißt man sich eventuell die Zähne aus. Während der kurzweiligen Führung gibt's das Barock im Schnelldurchlauf. Tour 2, Stopp 1, Benediktinerkloster St. Peter, Seite 28

EINFACH LOSWANDERN

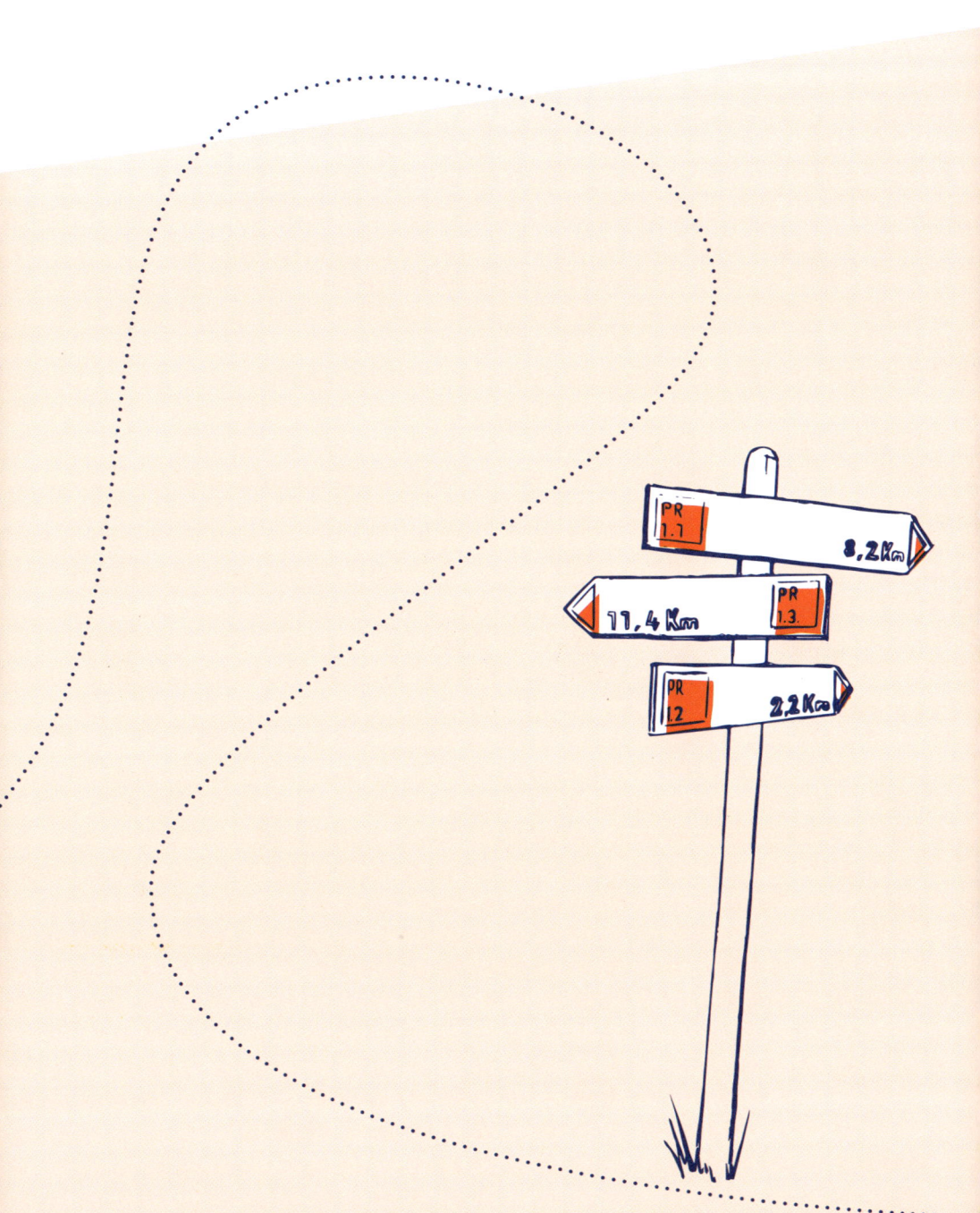

PR 1.1. 8,2 Km

11,4 Km PR 1.3.

PR 1.2 2,2 Km

DIE WANDERPAUSEN

»START
Bahnhof Emmendingen

KM 0,5
1 Markgrafenschloss
Stadtgeschichte zum Anfassen

KM 2,5
2 Barfußpfad
Lektionen in Quantentheorie

KM 2,8
3 Märchenhütte
Picknick unter Weidenkätzchen

FLAIR & 1
EIN SCHUSS
ROMANTIK

Durch die Emmendinger Gassen zur Ruine der Hochburg

Die Rundtour führt von der beschaulichen Altstadt Emmendingens durch schattige Wälder hinauf zum Eichberg mit Baden-Württembergs höchstem Aussichtsturm. Von dort geht es zur spektakulären Ruine der Hochburg. Der Rückweg schlängelt sich am Brettenbach entlang.

KM 3,2

4 Eichbergturm
Über allen Dingen

KM 10

6 Fußbad im Brettenbach
Ab ins kühle Nass

KM 7,5

5 Ruine Hochburg
Besuch bei der weißen Dame

KM 13 » ZIEL
Bahnhof Emmendingen

8,2 km
11,4 km
2,2 km

GERADE MAL EIN SCHRITT, MEHR IST ES NICHT ...

 ... vom Zug in die **Emmendinger Altstadt.** So wirkt es zumindest. Denn vom Bahnhof in die schmalen Gassen und Sträßchen ist es weniger als ein Katzensprung über den gurgelnden Brettenbach. »An Hupfer«, würden die Badener vermutlich sagen. Ein wenig steht Emmendingen stets im Schatten Freiburgs, dessen Münster sich nur wenige Kilometer weiter südlich in den Himmel reckt. Verstecken muss sich die kleinere Stadt allerdings keineswegs. Im Gegenteil: Kopfsteingepflastert und mit schmucken Fachwerkhäusern gespickt, entpuppt sich die Altstadt als wahres Kleinod am Rande des Südschwarzwaldes. Es ist schon schön in der Regio, wie sie ihre Gegend hier liebevoll nennen.

Im Herzen der hübschen Altstadt geht es beschaulich zu. In Emmendingen nimmt man sich Zeit und genießt. Etwa zum jährlichen Weinfest im August. Dann präsentieren die Winzer der Region hier unter den Augen der geneigten Weinprinzessin ihre besten Tropfen. Die Weine kann man glücklicherweise das ganze Jahr über verkosten, dann allerdings meist nicht im Beisein der Weinprinzessin. Wichtige Amtsgeschäfte rufen.

AM SCHWARZWALD-PANORAMA MIT FELDBERG UND KANDEL KANN MAN SICH GAR NICHT SATTSEHEN

Hier an der nördlichen Nahtstelle zum Hochschwarzwald ist der Übergang von Stadt zu Kulturlandschaft fließend. Oft trennt beides nicht einmal der besagte Hupfer. Reiher und Störche staksen vom pflügenden Landwirt unbeeindruckt über die saftigen Felder. Getreideflächen wechseln sich mit Wildblumenwiesen und Weiden ab. Stoisch grasende Kühe inklusive. Und dann ist da ja auch noch der Schwarzwald als ikonischer Bestandteil dieser lieblichen Kulturlandschaft. Er umgibt sie, durchdringt sie an vielen Stellen, begrenzt sie an anderen. Eine Eindruck davon gibt's vom **Eichbergturm.**

In der Kulisse des Schwarzwaldes öffnet sich auch hier um Emmendingen das eine oder andere Fenster in die bewegte Vergangenheit der Gegend. Geradezu ein Panoramafenster ist die **Hochburg.** Von den Ruinen der massiven Trutzburg bietet sich beste Sicht auf die nahe Rheinebene. Wo einst Ritter wachsam von den Wehrgängen spähten, wandern nun Schulklassen, Touristen und Touristinnen durch die Überreste der riesigen Burganlage.

Am Wegrand leuchten die Kornblumen.

Am Schlossplatz geht es über den idyllischen Mühlbach.

Im grünen Tunnel: Ein schattiger Hohlweg führt hinauf zum Eichberg.

WANDERN & GENIESSEN

● **>> START**
Bahnhof Emmendingen

Vom Bahnhof mit der Tourismus-Info geht es über die Cornelia-Passage in die Altstadt. Rechts in die Lammstraße, links auf den Marktplatz und wieder rechts in die Kirchstraße.

KM 0,5

① **Markgrafenschloss**
Stadtgeschichte zum Anfassen

Ganz schön schräg: Die Fenster im Schlossturm sehen etwas windschief aus.

Etwas schüchtern drückt sich das kleine Renaissanceschloss an den Rand der hübschen Emmendinger Altstadt. Die Fenster des achteckigen Treppenturms wirken leicht windschief. Doch der Schein trügt, verrutscht ist hier nichts. Zwischenzeitlich ein Spital, beherbergt das Schloss mittlerweile ein nettes Museum zur Stadtgeschichte. Sehenswert ist auch die Dauerausstellung im Obergeschoss, die sich der Geschichte des 1861 in Emmendingen gegründeten Fotohauses Hirsmüller widmet. Nur wenige Schritte weiter liegt das Jüdische Museum mit einer historischen Mikwe, dem traditionellen Ritualbad. Beide Museen sind jeweils Mittwoch- und Sonntagnachmittag sowie nach Vereinbarung geöffnet.

Über die kleine Brücke in den Stadtgarten. Nach dem Springbrunnen links, dann rechts in den Hohlweg. Am Parkplatz Bergfriedhof »Zu den Rundwegen«. Rechts und den Schildern zum Eichbergturm nach.

Ab auf den Barfußpfad: Weg mit den Schuhen und den Socken!

Pause mit Dornröschen und Co. in der zauberhaften Weidenhütte am Wieselweg.

MÄRCHENSTUNDE UNTER WEIDEN- ZWEIGEN

KM 2,8

3 Märchenhütte
Picknick unter Weidenkätzchen

Im Schwarzwald sind Sagen und Märchen nie weit weg. Wenn man so will, ist es ja fast überall schön wie in einem Zauberwald. Wie verwunschen wirkt auch die reizende Märchenhütte, die schon bald nach dem Blindpfad am rechten Wegesrand auftaucht. Die zauberhafte Konstruktion aus Weidenästen ist ebenfalls Teil des »Wieselwegs«. Oben zusammengebunden, bilden die biegsamen Zweige ein schützendes Dach aus Blättern und Weidenkätzchen. Darunter lässt es sich vortrefflich vespern und picknicken. Wer sich ausreichend gestärkt hat, kann die schmausenden Mitwandernden dann stilecht mit einem Märchen unterhalten. Wem partout kein passendes einfallen will, der kann auf die in der Hütte ausliegenden Märchenblätter zurückgreifen.

Der Eichbergturm ist bereits durch die Bäume zu erahnen. Ist das Laub zu dicht, immer den Wegweisern nach.

KM 2,5

2 Barfußpfad
Lektionen in Quantentheorie

Zugegeben, schwere Bergstiefel braucht's für diese Wanderung nicht, aber wer die Füße trotzdem gerne mal von den Galoschen befreit, wird beim Barfußpfad auf dem Weg hinauf zum Eichberg jauchzen. Ohne Treter geht es über wohlig piksendes oder sanft schmeichelndes Geläuf. Barfuß über feinen Sand, Schotter, Zweige oder Hackschnitzel zu tapsen, ist nicht nur für Kinderfüße ein Heidenspaß. Als Teil des Walderlebnispfads »Wieselweg« ist der Barfußpfad unmittelbar am Wegesrand gar nicht zu verfehlen. Ein paar Schritte weiter müssen auf dem kurzen Blindpfad verschiedene Baumarten durch Erfühlen ihrer Rinde erraten werden.

Immer den Wegweisern zum Eichbergturm nach.

Ausguck in den Schwarzwald: Panoramablick von der imposanten Ruine der Hochburg.

KM 7,5

5

Ruine Hochburg

Besuch bei der weißen Dame

Dass von der Hochburg nur noch Mauerreste übrig sind? Geschenkt! Die Ausmaße der Trutzburg sind immer noch beeindruckend. Welch episches Hauen und Stechen mag sich hier einst abgespielt haben? Wie es sich für eine richtige Burg gehört, gibt's auch die Legende um eine mysteriöse weiße Frau und einen Schatz. Bereits im 11. Jh. stellten sich die Ritter von Hachberg hier eine Burg auf den Hügel. Schon damals eine Immobilie in bester Lage! Dementsprechend umkämpft war die Hochburg denn auch: Mehrmals zerstört, wieder aufgebaut und erweitert, wurde sie um 1550 zum Renaissanceschloss umgebaut, nur, um bald darauf wieder zerstört zu werden. Ein Kiosk bietet Snacks und Getränke an. Im Sommer ist das kleine Burgmuseum im kühlen Keller der Ruine eine Wohltat. Badens drittgrößte Burganlage ist frei begehbar und der Eintritt gratis.

Am Burgtor links. Am südlichen Ende der Burganlage durch den Tunnel. Links, rechts und wieder links am Waldrand bergab. Am Biolandhof links. Hinter der Brücke rechts auf dem Pfad am Ufer entlang.

KM 3,2

4

Eichbergturm

Über allen Dingen

In Sachen Aussichtsturm wird in Emmendingen nicht gekleckert, sondern geklotzt: Mit einer Gesamthöhe von 53,20 Metern ist kein Aussichtsturm in Baden-Württemberg höher als der Eichbergturm. Sechs massive Robinienstämme schultern die sechseckige Aussichtskanzel. Erklettern lassen sich nur 45 Meter des Turms. Da die obere Kanzel aber zehn Meter über den höchsten Baumwipfeln liegt, ist das egal. So oder so muss man nach 240 Stufen erst mal kräftig durchschnaufen, bevor sich der beeindruckende Rundblick genießen lässt. Dann allerdings bleibt einem erst recht die Luft weg: Ehrfürchtig staunt man über den Schwarzwaldkamm mit Kandel, Feldberg und Co., die Breisgauer Bucht, den Schweizer Jura, die Vogesenkette sowie den Kaiserstuhl. Hammer!

An der nächsten Kreuzung den Pfad bergab, über die schmale Landstraße, dann erst zweimal links, danach einmal rechts halten. Über die Landstraße und dann links. Den Wegweisern zur Ruine Hochburg folgen.

Der Eichbergturm thront hoch über Emmendingen.

Der plätschernde Brettenbach erfrischt an heißen Tagen.

EXTRA INFOS:

Wer mit dem Nachwuchs unterwegs ist, der kann am ● **Waldspielplatz Vogelsang** eine Rast einlegen. Über eine abenteuerliche Hängebrücke geht es von dort zum Walderlebnispfad »Wieselweg« und weiter auf der Route zum Eichbergturm.

Wer die Wanderung auf den Nachmittag legt, kann sie abends im am Mühlenbach gelegenen ● **Ristorante Piccola Venezia** (www.piccolavenezia.de) ausklingen lassen.

Mit dem Auto unterwegs? Direkt am Bahnhof befindet sich der Parkplatz Rathaus. Parken ist hier zwar nicht kostenlos, dafür liegt der Platz superzentral. Auf der anderen Seite der Bahnlinie ist der Parkplatz Bahnhof, Am Gaswerk eine Alternative.

KM 10

6
Fußbad im Brettenbach
Ab ins kühle Nass

KM 13 » ZIEL
Bahnhof Emmendingen

Vom idyllischen Uferpfad erreicht man den fröhlich vor sich hin glucksenden Brettenbach recht leicht. Auch hier ist es lediglich »an Hupfer«. Besonders malerisch ist es wenige hundert Meter nach dem Start des schmalen Weges hinter der Brücke. Dort legt sich das Flüsschen elegant in die Kurve und glitzert einladend in der Sonne. Ein schattiger Platz, ideal, um die Füße ins kühle Wasser zu tauchen. Zum Baden ist es hier allerdings nicht tief genug. Ein paar Meter weiter flussabwärts befindet sich jedoch eine Fischtreppe, an der es etwas tiefer, aber auch sehr viel sonniger ist.

Immer am Ufer des Brettenbachs entlang zurück in die Emmendinger Altstadt.

Auf schattigen Wegen führt die Route über sanft geschwungene Hügel.

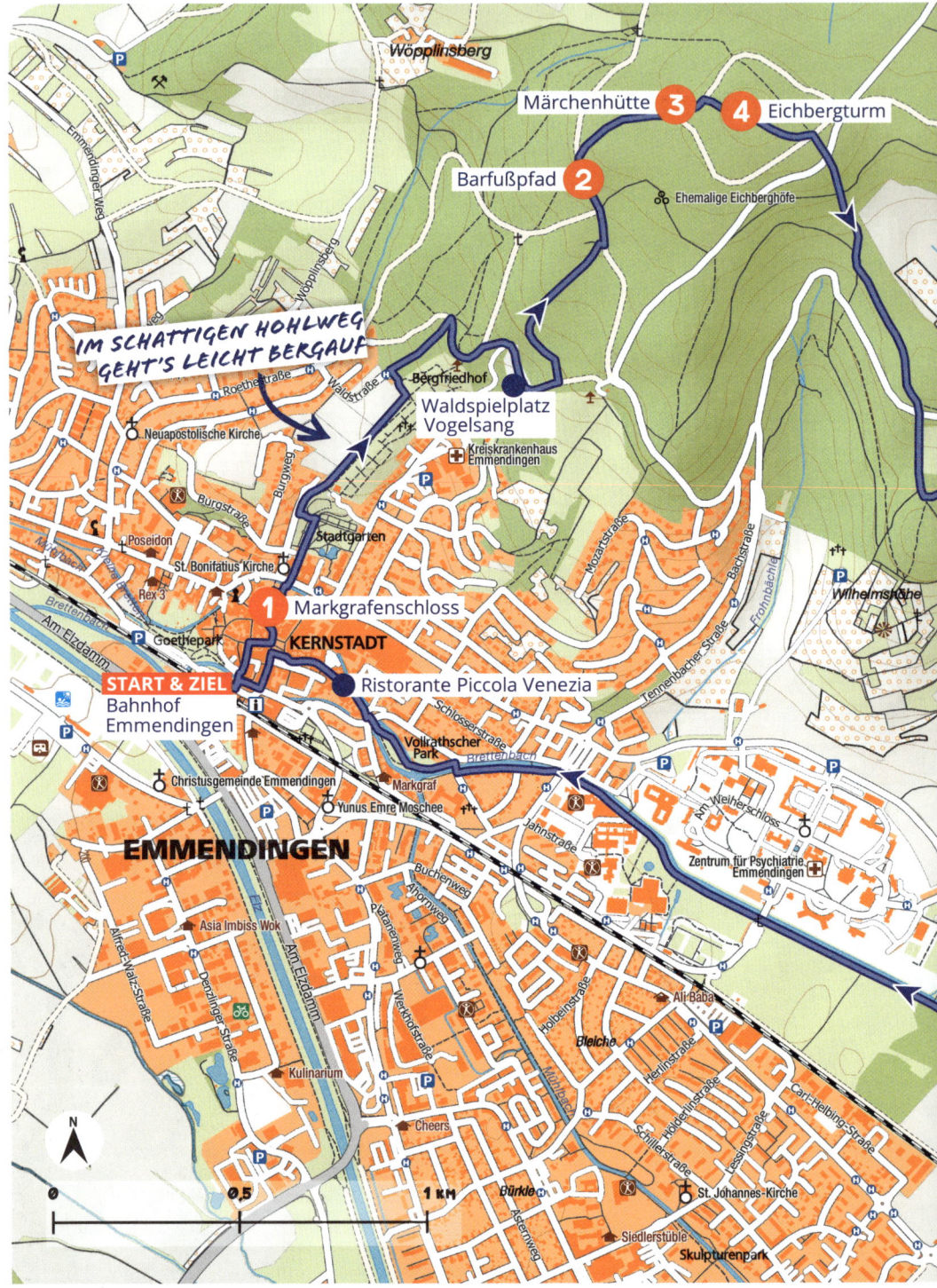

Wöpplinsberg

Märchenhütte **3** **4** Eichbergturm

Barfußpfad **2**

Ehemalige Eichberghöfe

**IM SCHATTIGEN HOHLWEG
GEHT'S LEICHT BERGAUF**

Roethestraße
Bergfriedhof
Neuapostolische Kirche
Waldspielplatz
Vogelsang
Kreiskrankenhaus
Emmendingen

Burgstraße
Stadtgarten
Poseidon
St. Bonifatius Kirche
Rex 3
Mozartstraße
Bachstraße
Wilhelmshöhe

1 Markgrafenschloss

Goethepark **KERNSTADT**
Ristorante Piccola Venezia

START & ZIEL
Bahnhof
Emmendingen
Schlossestraße
Vollrathscher
Park
Brettenbach

Christusgemeinde Emmendingen
Markgraf
Yunus Emre Moschee
Jahnstraße
Am Weiherschloss
Zentrum für Psychiatrie
Emmendingen

EMMENDINGEN

Buchenweg
Ahornweg
Platanenweg
Werkhofstraße

Asia Imbiss Wok

Denzlinger Straße
Alfred-Walz-Straße
Ali Baba
Bleiche
Herrlinstraße
Holbeinstraße
Schillerstraße
Lessingstraße
Carl-Helbing-Straße

Kulinarium

Cheers
Bürkle
St. Johannes-Kirche

N

Ø   Ø 5   1 KM

Siedlerstüble
Skulpturenpark

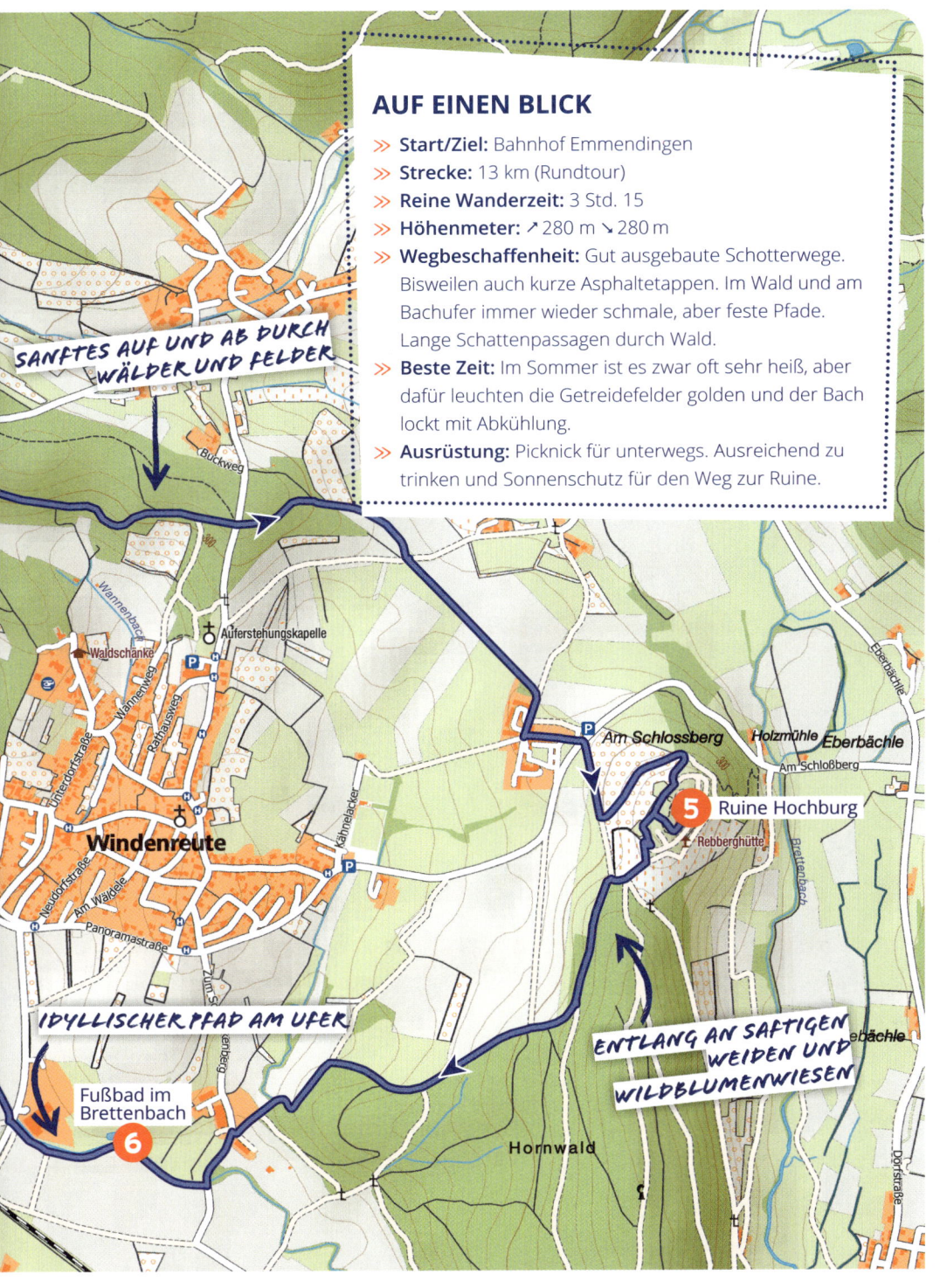

AUF EINEN BLICK

» **Start/Ziel:** Bahnhof Emmendingen
» **Strecke:** 13 km (Rundtour)
» **Reine Wanderzeit:** 3 Std. 15
» **Höhenmeter:** ↗ 280 m ↘ 280 m
» **Wegbeschaffenheit:** Gut ausgebaute Schotterwege. Bisweilen auch kurze Asphaltetappen. Im Wald und am Bachufer immer wieder schmale, aber feste Pfade. Lange Schattenpassagen durch Wald.
» **Beste Zeit:** Im Sommer ist es zwar oft sehr heiß, aber dafür leuchten die Getreidefelder golden und der Bach lockt mit Abkühlung.
» **Ausrüstung:** Picknick für unterwegs. Ausreichend zu trinken und Sonnenschutz für den Weg zur Ruine.

SANFTES AUF UND AB DURCH WÄLDER UND FELDER

Buckweg

Wannenbach

Auferstehungskapelle

Waldschänke

Wannenweg

Rathausweg

Windenreute

Unterdorfstraße

Neudorfstraße

Am Waldele

Panoramastraße

Zum S...

...enberg

Kähnelacker

Am Schlossberg

Holzmühle Eberbächle

Am Schloßberg

Eberbächle

5 Ruine Hochburg

Rebberghütte

Brettenbach

ENTLANG AN SAFTIGEN WEIDEN UND WILDBLUMENWIESEN

...ebächle

IDYLLISCHER PFAD AM UFER

Fußbad im Brettenbach

6

Hornwald

Dorfstraße

DIE WANDERPAUSEN

» START
Parkplatz Weiherloch,
St. Peter

KM 0,2
1 Benediktinerkloster St. Peter
**Von Schnörkeln
und Schwarten**

KM 2,3
2 Hochgericht
**Von Gipfeln und
Galgen**

KM 3,2
3 Lindenberg
Pause mit Pilgern

IM BAROCKEN HIMMEL

2

Von St. Peter über den Lindenberg

Schwarzwälder Schinken mal ganz anders: zu Besuch in der schönsten Bibliothek des Hochschwarzwaldes. Beschwingt von überbordender Rokokopracht geht's dann hoch hinauf zu einem grandiosen Panorama. Ein wahrer Gipfelgenuss.

KM 3,9

4 Brombeer-Dschungel
Wilde Früchtchen

KM 5,2

5 Wichtelweg
Unter Gnomen

KM 9,3 » ZIEL
Parkplatz Weiherloch,
St. Peter

SCHWER LIEGT HIER DER SÜSSLICHE DUFT ...

 ... der Geschichte in der Luft. Es riecht nach poliertem Holz. Nach Leder und handgeschöpftem Papier. Die spiegelglatten Dielen des Parketts seufzen unter jedem vorsichtigen Schritt. Knarzen leise, wie verschüchtert unter all dem Stuck. Nur hin und wieder ein leises Raunen. Sonst: ehrfurchtsvolle Stille. Fast wähnt man sich in einer anderen Welt. Aber das ehemalige **Benediktinerkloster St. Peter** liegt mit seiner herrlichen Rokokobibliothek immer noch im Hochschwarzwald. Zwar etwas abgeschieden, aber auf dieser Welt.

Und dennoch fühlt man sich auf dem Plateau zwischen Kandel und Thurner über den Dingen. Schroffe Felsen und tiefe Schluchten mit reißenden Bächen? Andernorts im Hochschwarzwald vielleicht. Um St. Peter breitet sich hingegen eine liebliche, ja geradezu barocke Landschaft aus. Grüne Hügel mit duftenden Wildblumenwiesen und wie zufällig eingestreuten Bäumen säumen den Weg. Gelegentlich machen sich die unermüdlich kreisenden Bussarde bemerkbar. Ihretwegen lohnt es sich, ein Fernglas einzupacken.

AUF DEM HÖHENRÜCKEN DES LINDENBERG LEUCHTEN DIE SONNENBLUMEN VOR STRAHLEND BLAUEM HIMMEL

Unterwegs kommt man hier zur Ruhe. Die Gedanken treiben mäandernd dahin. Tatsächlich zählen Abschnitte der Route zum Netz des berühmten Jakobsweges. Dessen Streckenführung ist gut gewählt, wandert es sich hier oben doch beinahe kontemplativ. Dass der ambitionierte Spaziergang nicht vollkommen in die Entrücktheit abdriftet, dafür sorgen ungläubig staunende Kühe und vorwitzige Eichhörnchen. Einkehr gleich in mehrerlei Hinsicht findet man in der Pilgergaststätte **Lindenberg.**

Ist der Höhenzug überschritten, bekommt der Schwarzwald, wie man ihn sich vorstellt, doch noch seinen Auftritt: hoch aufragende Douglasien und Fichten, das Laub raschelnd in der lauen Brise. Dazwischen schmale Wege mit einem Teppich aus Blättern und Nadeln. Auch das fügt sich ins Bild, läuft man auf dem weichen Boden wie auf Wolken. Im Spätsommer biegen sich die **wilden Brombeerbüsche** unter der Last saftiger Früchte. Da greifen Wandernde gerne mal zu.

Auf malerischem Weg geht's hinauf zum Hochgericht.

Prachtvolle Seerosen leuchten auf dem Teich im Herzen von St. Peter.

Zwischen den Sonnenblumen summen Bienen und Hummeln um die Wette.

WANDERN & GENIESSEN

» START
Parkplatz Weiherloch, St. Peter

Über die kleine Brücke hinauf zur Barockkirche St. Peter. Die ist schon zu sehen.

KM 0,2

1 Benediktinerkloster St. Peter
Von Schnörkeln und Schwarten

Mit ihren beiden Türmen thront die Barockkirche weithin sichtbar als Wahrzeichen über St. Peter. Der Prachtbau selbst ist jederzeit zugänglich. Besonders stimmungsvoll ist eine Führung durch Kirche und Bibliothek. Letztere ist tatsächlich nur im Rahmen der Führung zu besichtigen. In einer Stunde geht es flugs durch Früh- und Hochbarock sowie das Rokoko. 300 Jahr in 60 Minuten. Das ist ebenso sportlich wie unterhaltsam. Mit dem Baumeister Peter Thumb und dem Bildhauer Joseph Anton Feuchtmayer wirkten hier zwei Superstars ihrer Epoche. Beide hatten auch bei der Stiftsbibliothek St. Gallen und der berühmten Birnau am Bodensee ihre Finger federführend im Spiel (Führungen Di 11, Do 15, So 11.30 Uhr. 6 € pro Pers.).

Links in die Zähringer Straße. Rechts in Roter Weg. Rechts in die Lindenbergstraße. Rechts in den Peter-Thumb-Weg. Links halten. Am Weiher links. Über die Landstraße und den graswachsenen Weg Richtung Lindenberg hinauf.

Am höchsten Punkt der Tour genießt man die sagenhafte Aussicht.

Hochgericht
813 m ü d M

KM 2,3

2

Hochgericht
Von Gipfeln und Galgen

Am höchsten Punkt der Rundtour steht man 813 Meter über dem Meeresspiegel. Da gibt's bei großartiger Fernsicht ordentlich was zu gucken: Feldberg, Thurner, Schauinsland sind am Horizont ebenso auszumachen wie der Kandel im Norden. Da breitet man gerne die Picknickdecke aus. Wer Rücken hat, der nimmt auf einer der Bänke ums Kreuz Platz. So schön und lauschig war's hier allerdings nicht immer: Mehrere Jahrhunderte befand sich an ebendieser Stelle eine Richtstätte nebst Galgen zur Warnung. Daher auch der Name Hochgericht.

Der Weg bergab führt jetzt direkt nach Lindenberg.

Ruhepol im Schatten: An der Wallfahrtskapelle geht's beschaulich zu.

KM 3,2

3

Lindenberg
Pause mit Pilgern

Wo ein Pilgerpfad durch Wiesen und über Hügel führt, ist ein Wallfahrtsort nicht weit. Auf dem Höhenrücken des Lindenbergs befindet sich seit dem frühen 15. Jh. eine Marienkapelle. Die Erzdiözese Freiburg hat die kleine Kapelle um ein Exerzitienhaus und eine Pilgergaststätte erweitert. Große Kuchentheke inklusive. Auf dem Wallfahrtsplatz mit dem Marienbrunnen blickt man im Schatten größer Bäume ins Ibental. Im Westen sieht man bis ins Dreisamtal, bei guter Sicht sogar bis nach Freiburg und über die Oberrheinebene hinweg auf die Vogesen (Pilgergaststätte Maria Lindenberg Di–So 12–18 Uhr).

Die Marienkapelle im Rücken, den Weg bergab. Links abbiegen. Nochmals links dem Pfad bergauf folgen.

Barockes Prachtstück: die Kirche des Benediktinerklosters St. Peter.

Mit etwas Glück trifft man im Schwarzwald auf gewitzte Wichtel.

KM 3,9

4 Brombeer-Dschungel
Wilde Früchtchen

Vitaminbombe am Wegesrand:
Die Äste biegen sich unter der
Last der reifen Beeren.

Von den bisher breiten Wegen geht's zunächst auf einen schmalen Pfad. Der zweigt vom Schotterweg in einer engen Kehre links ab, ist aber problemlos ohne Dschungelausrüstung und Machete machbar. Trotzdem kommt je nach Jahreszeit und Wetter etwas Amazonas-Feeling auf. Brombeer- und Himbeerbüsche ächzen hier lautlos unter ihrer süßen Last. Da wird die ein oder andere Beere gepflückt und gleich genossen, auch wenn die Eichhörnchen und Amseln etwas empört durchs Geäst linsen.

Dem Pfad folgen. Die zweite Möglichkeit rechts. Dann links dem Wegweiser nach St. Peter folgen.

EXTRA INFOS:

In St. Peter führt die Route gleich an mehreren Einkehrmöglichkeiten vorbei. Direkt rechts gegenüber dem Tor zum Klosterhof befindet sich der ● **Gasthof Hirschen** mit einer netten Terrasse (Do Ruhetag, www.hirschen-st-peter.de). Ganz in der Nähe des Dorfzentrums liegt zudem das gemütliche ● **Bürgerstüble** (www.buergerstueble.de).

KM 5,2

5

Wichtelweg
Unter Gnomen

KM 9,3 » ZIEL

Parkplatz Weiherloch, St. Peter

Um zahlreiche Orte im Schwarzwald ranken sich Sagen und Mythen. Hier in den Wäldern um St. Peter treibt im Unterholz allerdings nicht das Glasmännlein sein Unwesen, hier haben sich umtriebige Wichtel häuslich eingerichtet. Zu erkennen sind deren drollige Eigenheime an kleinen bunten Holztüren an den Bäumen. Zwischen den Bäumen gibt es ein ganzes Wichteldorf inklusive Miniaturbäckerei, Burg und Zwergenhospital zu entdecken. Arrangiert mit vielen liebevollen Details, lädt der kurze Rundweg Groß und Klein zu einer Entdeckungsreise ein.

Dem Wegweiser zum Eckpeterhof folgen. Rechts. Über die Straße und wieder rechts zurück nach St. Peter. Der Spittelhofstraße folgen. Weiter auf Bürgerschaft, dann die zweite rechts. Dann rechts in die Zähringerstraße und vom Roßweiher halb links am Schmittelbach entlang zum Badeweiher. Von hier zunächst dem Kapellenweg folgen, dann dem Mühlengraben zum Ziel.

Liebliche Landschaft: Grüne Hügel prägen die Gegend rund um St. Peter.

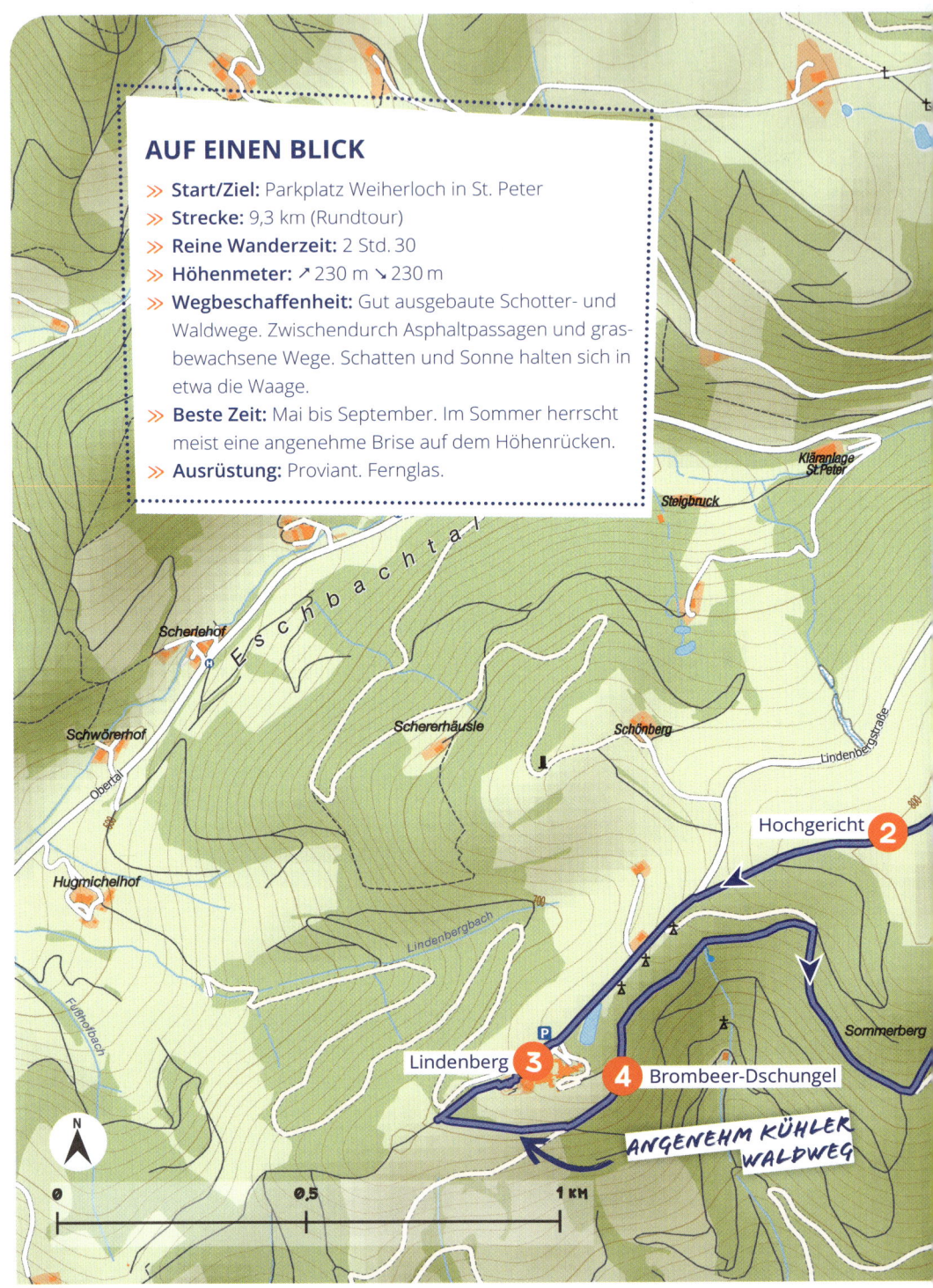

AUF EINEN BLICK

» **Start/Ziel:** Parkplatz Weiherloch in St. Peter
» **Strecke:** 9,3 km (Rundtour)
» **Reine Wanderzeit:** 2 Std. 30
» **Höhenmeter:** ↗230 m ↘230 m
» **Wegbeschaffenheit:** Gut ausgebaute Schotter- und Waldwege. Zwischendurch Asphaltpassagen und grasbewachsene Wege. Schatten und Sonne halten sich in etwa die Waage.
» **Beste Zeit:** Mai bis September. Im Sommer herrscht meist eine angenehme Brise auf dem Höhenrücken.
» **Ausrüstung:** Proviant. Fernglas.

Kläranlage St. Peter

Steigbruck

Eschbachtal

Scherlehof

Schwörerhof

Obertal

Schererhäusle

Schönberg

Lindenbergstraße

Hochgericht **2**

Hugmichelhof

Lindenbergbach

Fußholzbach

Sommerberg

P Lindenberg **3**

4 Brombeer-Dschungel

ANGENEHM KÜHLER WALDWEG

N

0   0,5   1 KM

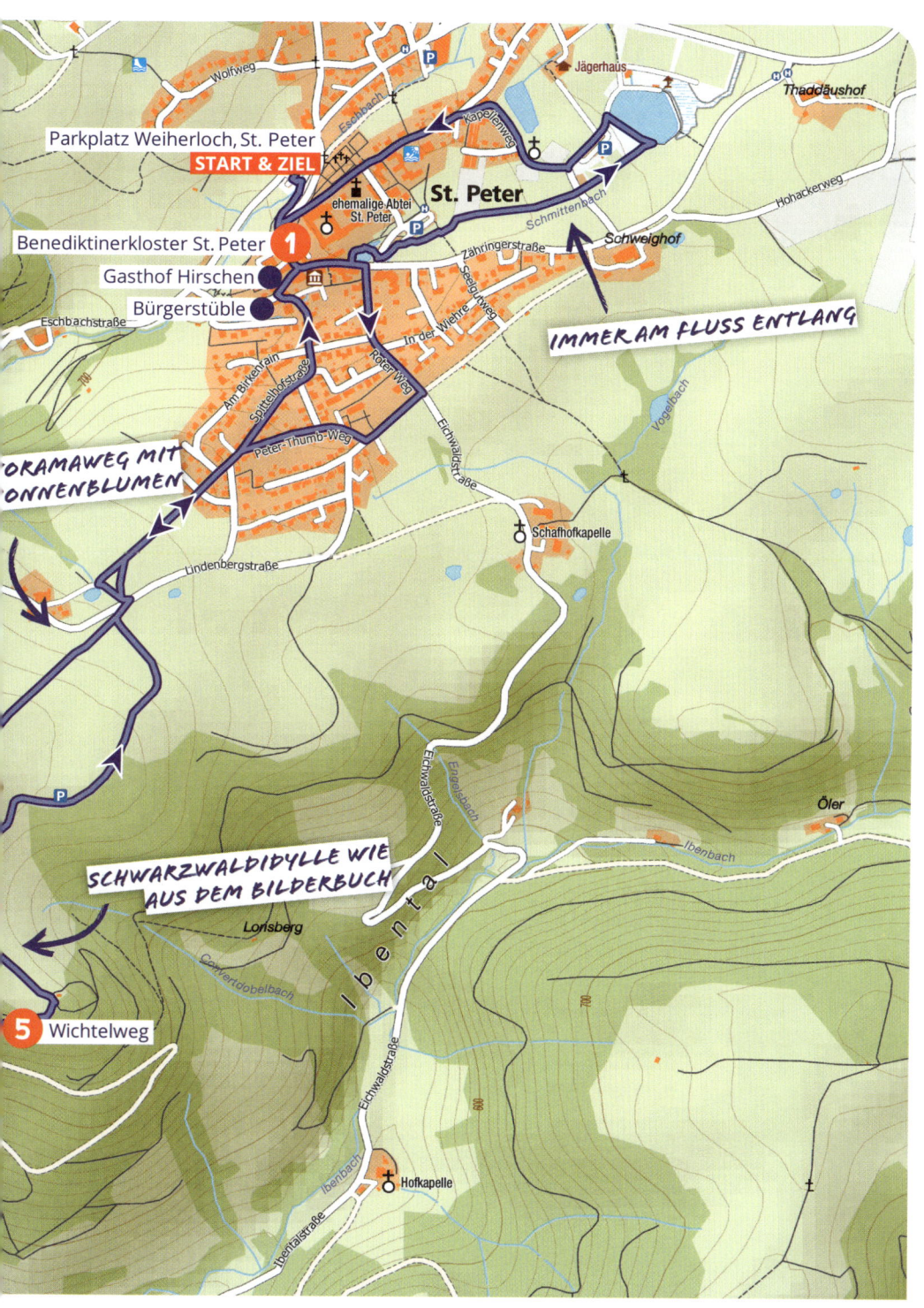

Parkplatz Weiherloch, St. Peter
START & ZIEL

Benediktinerkloster St. Peter

Gasthof Hirschen

Bürgerstüble

1

ehemalige Abtei St. Peter

St. Peter

Jägerhaus

Thaddäushof

Wolfweg

Eschbach

Kapellenweg

Hohackerweg

Schmittenbach

Schweighof

Zähringerstraße

Eschbachstraße

Seelgutweg

In der Wiehre

IMMER AM FLUSS ENTLANG

Am Birkenfain

Spittalhofstraße

Röter Weg

Peter-Thumb-Weg

Eichwaldstraße

Vogelbach

Schafhofkapelle

...ORAMAWEG MIT ...ONNENBLUMEN

Lindenbergstraße

Eichwaldstraße

Engelsbach

Ibenbach

Öler

SCHWARZWALDIDYLLE WIE AUS DEM BILDERBUCH

Obertdobelbach

Lonsberg

Ibental

Eichwaldstraße

5 Wichtelweg

Ibenbach

Ibentalstraße

Hofkapelle

DIE WANDERPAUSEN

>> START
Parkplatz am Naturfreibad,
St. Märgen

KM 1,3
1 Kneipp-Becken
**Frische Füße für
die ganze Familie**

KM 1,8
2 Aussichtsbank
**Innehalten mit
Jean Paul**

KM 6,4
3 Ohmenkapelle
**Verschnaufpause
bei Judas Thaddäus**

DURCH DIE SALAT-SCHÜSSELN

3

Über malerische Höhen nach St. Märgen

Die sanft gewölbte Bergwelt rund um den hübschen alten Wallfahrtsort bietet abwechselnd traumhafte Weitblicke bis zum Feldberg und schattig-kühle Waldpassagen. Und einen erfrischenden Abschluss im Naturfreibad.

KM 7,3

4
Kloster St. Märgen
Die Pilger sind am Ziel

KM 8,3

6
Naturfreibad
Ein Paradies für Badepuristen

KM 7,6

5
Der Hirschen
Charmeoffensive aus der Frischeküche

KM 8,5 » ZIEL
Parkplatz am Naturfreibad, St. Märgen

8,2 Km

11,4 Km

2,2 Km

EIN ECHTER HOCHGENUSS

 Auf den Höhen von St. Märgen hat man immer wieder das Gefühl, oben angekommen zu sein. Klar geht's noch höher: Der Feldberg, dessen weit geschwungene Kuppe gerade am Beginn dieser Tour in der Ferne allgegenwärtig ist, hat nochmal gut 500 Höhenmeter mehr. Rund um St. Märgen geht die Bergwelt jedoch in die Breite. Das Auge hat hier genügend Platz, genussvoll über die Matten und Wälder des Hochschwarzwaldes zu streifen.

Aus der Landschaft stechen die zwei Türme des **Klosters St. Märgen** heraus – auf dieser Tour stets ein schöner Orientierungspunkt in badischem Gelb und Rot. Vor mehr als 900 Jahren hatte sich die Geistlichkeit hier oben angesiedelt, um ihren Teil zur Erschließung des Schwarzwaldes beizutragen – auf knapp 900 Höhenmetern ein hartes Geschäft. Doch die Chorherren hielten durch, überdauerten etliche Feuersbrünste und mussten das Kloster erst zu Beginn des 19. Jh. im Zuge der Säkularisation räumen. Zwischenzeitlich hatte sich St. Märgen zu einem beliebten Wallfahrtsort entwickelt, das Pilgern hat hier oben also Tradition.

DER KREUZWEG VON DER OHMENKAPELLE BIS ZUM KLOSTERHOF GLEICHT EINEM SPIRITUELLEN ZIELEINLAUF

Heute beherbergen die nach wie vor hübsch gepflegten Anlagen unter anderem die barocke Klosterkirche, ein Museum, das Kunsthaus sowie einen kleinen Klostergarten.

Bis dorthin macht diese Pilgerfahrt aber einen großen Schlenker über die Weiden ringsum den Ort. Ein üppiger Happen Natur! Denn es geht gewissermaßen durch die »Salatschüsseln« der Hochschwarzwald-Kühe, wie ein humorvoller Bauer die Weiden seiner Tiere auf einem Schild am Wegesrand nennt. Erfrischend wird's außerdem: Man marschiert über schattig-kühle Waldwege, stampft spritzend durch ein **Kneipp-Becken** und taucht am Ende im **Naturfreibad** ab. Im Sommer eine echte Verheißung für hitzegeplagte RheintälerInnen. Deren nicht selten genusserfahrene Gaumen schließlich auch in St. Märgen fündig werden: Im **Hirschen** präsentiert sich die junge Schwarzwaldküche in Hochform.

Lust zu lustwandeln? Das wird im gepflegten Innenhof des Klosters St. Märgen ein sonniges Vergnügen.

Der Hirschen in St. Märgen präsentiert sich als Prachtexemplar eines Gasthofs.

Das Naturfreibad bietet neben einer Erfrischung im Grünen auch einen traumhaften Fernblick.

WANDERN & GENIESSEN

≫ START
Parkplatz am Naturfreibad, St. Märgen

Vorbei am Sportplatz bergauf, auf halber Höhe links Richtung Rankmühle. Hinter dem historischen Haus scharf rechts Richtung Birkwegeck (beige Raute). Zunächst am Waldrand entlang, dann in den Wald eintauchen.

Flower Power am Wegesrand: Die Rankmühle setzt Standards im Bereich Blumenschmuck.

KM 1,3

① Kneipp-Becken

Frische Füße für die ganze Familie

Wie eine Waldraststätte taucht der schattige Halt plötzlich am Wegesrand auf. Wer ein Vesper im Rucksack hat, findet hier Tisch und Bänke, um die kulinarischen Leckereien vor sich auszubreiten und es sich gemütlich zu machen. Eine Tischdecke würde die Heimeligkeit perfekt machen. Die Kinder stürmen auf die Schaukel zu. Und mit allen trifft man sich schließlich im kühlen Nass des Kneipp-Tretbeckens, das die bereits warmgewanderten Füße herrlich wieder runterkühlt. Eigentlich ließe sich bereits hier ein Nachmittag verbummeln. Vorausgesetzt, der Rucksackinhalt hält lange genug vor. Doch der Weg ruft ...

Den Weg hinaus aus dem Wald nehmen bis zur nächsten Kreuzung.

Warmgewanderte Füße genießen eine kühle Abwechslung im Kneipp-Becken. Handtuch nicht vergessen!

Was guckst du? Das Trio auf der Weide wirft einen kritischen Blick auf die vorbeiziehenden Wandernden.

KM 1,8

2 Aussichtsbank
Innehalten mit Jean Paul

Nur ein kurzes Wegstück später lädt eine einzelne Bank samt bedichteter Stele zum Innehalten ein. Doch es ist mehr als nur eine Bank, es ist ein Naturkino! Weit reicht der Blick über die Dächer von St. Märgen bis zum Feldberg in der Ferne. Gedanken des Dichters Jean Paul (1763–1825) wurden hier in die Steinstele gemeißelt: »Unsere größten Erlebnisse sind nicht die lautesten, sondern unsere stillsten Stunden.« Einen Versuch ist es absolut Wert! Die Kühe auf der Weide rechter Hand sind bereits beseelt vom Geist des Ortes: Wie entrückt dämmern sie in der Kontemplation des Wiederkäuens.

An der Kuhweide vorbei hinab, der gelben Raute nach. Die Glottertalstraße überqueren, danach rechts und an den »Salatschüsseln« vorbei. Am Kruzifix mit Bank links hoch in den Wald (gelbe Raute). Dahinter der Blick auf gleich zwei Klöster: rechts St. Peter, links St. Märgen. Im nächsten Waldstück scharf links Richtung St. Märgen/Ohmenkapelle (gelbe Raute). Weiter auf schmalen Waldpfaden – vorbei an Langen- und Elsenhäusle – gelber Raute und Schildern St. Märgen/Ohmenkapelle nach.

KM 6,4

3 Ohmenkapelle
Verschnaufpause bei Judas Thaddäus

Nachdem der Waldpfad zuletzt tüchtig bergauf ging, kommt der Stopp auf dem Berg wie gerufen. Die Kapelle wurde in der ersten Hälfte des 18. Jh. gewissermaßen als Außenstelle des Chorherrenstifts von St. Märgen errichtet. Sie ist dem Apostel Judas Thaddäus geweiht, dem Fürsprecher in schwierigen und ausweglosen Situationen. Mögen seine Dienste gerade nicht gefragt sein! Im Inneren reiche Barockverzierungen im lichtdurchfluteten Raum – ein schöner Ort der Stille (Mai–Okt. tgl. 8.30–18.30, Nov.–April 9–17 Uhr).

Dem Kreuzweg unter den großen Kastanien in die Ortsmitte von St. Märgen folgen. Die Zwillingstürme der Klosterkirche weisen den Weg.

Klein aber fein: Die Ohmenkapelle ist ein kleines, aber reich verziertes Gotteshaus mit einer stets festlichen Aura.

Die Kirche des Klosters St. Märgen bietet mit ihren Türmen unterwegs Orientierung wie ein Leuchtturm.

KM 7,6

5 Der Hirschen
Charmeoffensive aus der Frischeküche

Das Prachtstück von einem Wirtshaus führt Katharina Lausterer, der es in den letzten Jahren gelungen ist, den traditionsreichen »Hirschen« in die Gegenwart zu überführen. Das sieht man an den gemütlichen Zimmern, in denen sich die Gestaltung längst von alter Schwarzwaldschwere verabschiedet hat. In der Küche wird saisonal, regional und immer frisch gekocht. Wie der Name des Hauses schon sagt, gibt's regelmäßig Wild, aber auch feine Forellen und ein wandererkompatibles Vesper (»Zwischendurch«-Karte von 12 bis 16 Uhr). Man sitzt draußen auf der Terrasse oder drinnen in der gemütlichen Stube, die sich ganz bewusst den unverwechselbaren Charme eines Gasthauses mit langer Geschichte bewahrt hat (tgl. geöffnet, www.derhirschen.de).

Die Feldbergstraße weiter bergan, hinter dem Skigeschäft auf der linken Seite dem schmalen Weg rechts ins Grüne folgen. Bergauf in den Wald und den Freibad-Schildern nach.

KM 7,3

4 Kloster St. Märgen
Die Pilger sind am Ziel

Gemütlich flaniert man über den beschaulichen Klosterhof, kühlt seine Hände im Brunnen, bestaunt die mehr als zwei Tonnen schwere Christus-Glocke und genießt das idyllische Barockensemble. Um die Ecke lohnt sich ein Blick in den frei zugänglichen Klostergarten, im modernen Kunsthaus finden dreimal im Jahr »Kunstsonntage« statt (www.coachinghaus-schwarzwald.com). Das Klostermuseum widmet sich derweil besonders der Schwarzwalduhr, präsentiert aber auch Wissenswertes zur Kloster- und Heimatgeschichte (www.kloster-museum.de). Prächtige Schnitzereien in Gold, reich verzierte Altäre und ebenso leuchtende Deckengemälde zieren die Wallfahrtskirche Mariä Himmelfahrt – bis heute das Herz der Klosteranlage.

Am Friedhof vorbei über den Rathausplatz auf die Wagensteigstraße, dort rechts und durch den Ort auf die Feldbergstraße.

Wenn das mal kein lohnenswertes Ziel ist: Die Köstlichkeiten im »Hirschen« sind auch ein Augenschmaus.

Egal ob Becken oder Liegewiese, im Naturfreibad geht's nur ums Relaxen.

EXTRA INFOS:

In St. Märgen wird eine alte Pferdezucht-geschichte fortgeschrieben: Der Schwarz-wälder Fuchs, ein prächtiges Kaltblut, und der Ort sind eng miteinander verbunden. Alle drei Jahre findet daher das große **Roß-fest** statt (nächster Termin: Sept. 2025), aber auch dazwischen gibt es im Ort regel-mäßig zahlreiche Veranstaltungen wie Pferde- und Fohlenschauen sowie Pferd-züchtertage (www.rossfest.de).

KM 8,3

6 Naturfreibad
Ein Paradies für Badepuristen

KM 8,5 » ZIEL
Parkplatz am Naturfreibad, St. Märgen

Seinen Namen verdient sich der große, dunkel-grüne Pool dadurch, dass hier keine Chemie ins Badewasser gegossen wird, alles ganz natürlich. Es gibt einen Schwimmer- und einen Nicht-schwimmerbereich, den sich die Badegäste zuweilen mit der einen oder anderen Wasser-pflanze teilen – irgendwoher muss die Gewäs-sergesundheit ja kommen. Ringsum eine große Liegewiese, ein Sandkasten, ein Volleyballfeld, Schatten spendende alte Bäume. Am Kiosk rei-chen sie Eis, aber auch feinen Kuchen und Ge-tränke heraus. Das alles wirkt wohltuend puris-tisch. Was braucht es mehr nach einer Sommerwanderung als ein abschließendes Bad in der Natur (in den warmen Monaten tgl. von 10–18 Uhr)?

Zum Ausgangs- und Endpunkt die Feldbergstraße que-ren.

Im Garten des Klosters St. Märgen er-läutern kleine Tafeln die botanischen Feinheiten.

Guter Heinrich
Chenopodium bonus-henricus

WIE DAS DUFTET!

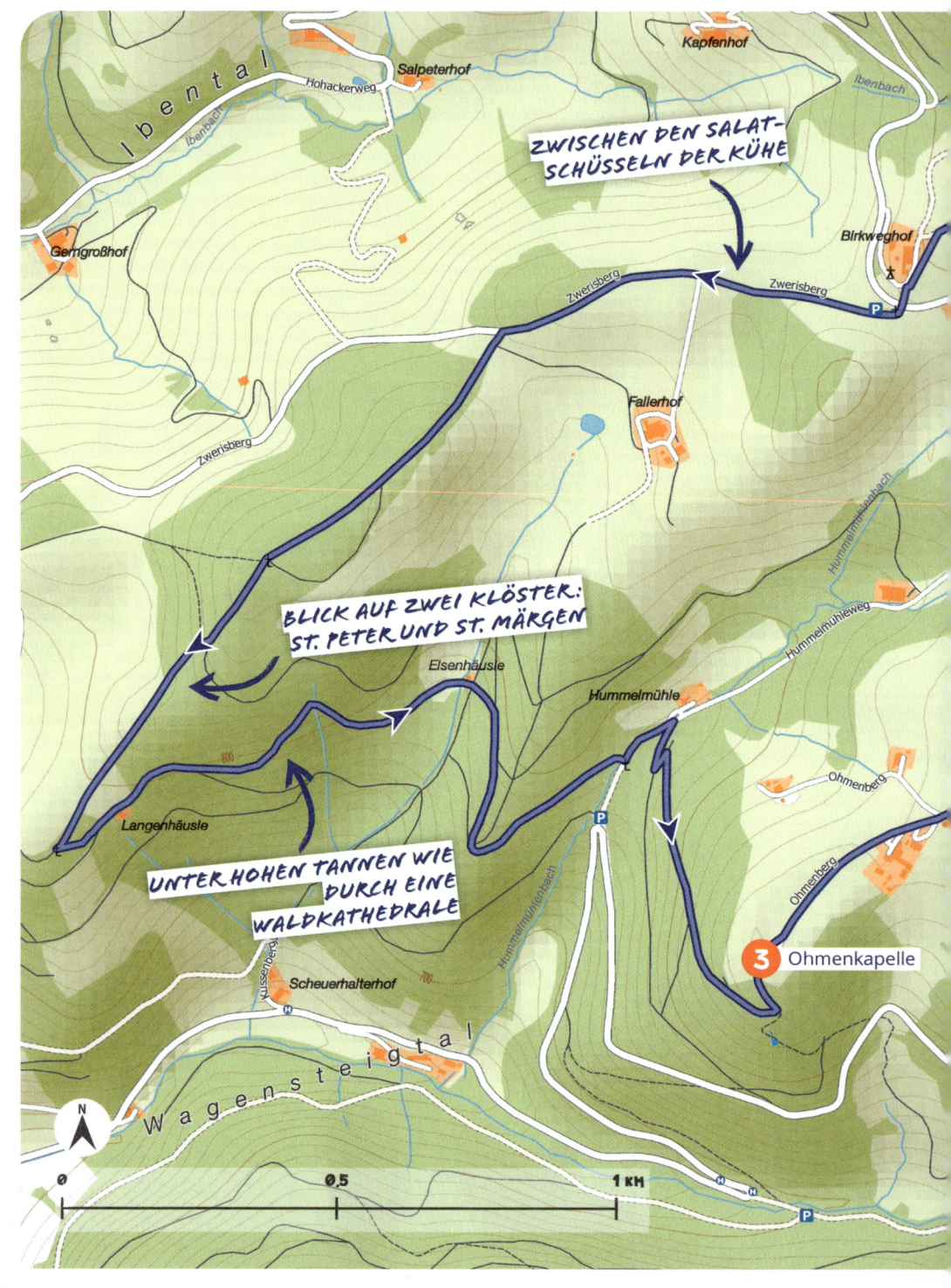

ZWISCHEN DEN SALAT-
SCHÜSSELN DER KÜHE

BLICK AUF ZWEI KLÖSTER:
ST. PETER UND ST. MÄRGEN

UNTER HOHEN TANNEN WIE
DURCH EINE
WALDKATHEDRALE

3 Ohmenkapelle

Kapfenhof

Salpeterhof

Hohackerweg

Ibenbach

Ibental

Birkweghof

Gemgroßhof

Zwerisberg

Zwerisberg

Zwerisberg

Fallerhof

Hummelmühlezbach

Hummelmühleweg

Elsenhäusle

Hummelmühle

Ohmenberg

Langenhäusle

600

Ohmenberg

Hummelmühlenbach

Scheuerhalterhof

Klissenberg

700

Wagensteigtal

N

Ø   Ø,5   1 KM

TRAUMPANORAMA BIS ZUM FELDBERG

2 Aussichtsbank

1 Kneipp-Becken

St. Märgen Feldberg

Schanze

1000

Steinbachtal

Birkwegerlehof

Rankmühle

Landfeldweg

Steinbacher Mühle

START & ZIEL Parkplatz am Naturfreibad, St. Märgen

Rankhof

Glottertalstraße

Landfeldweg

Naturfreibad **6**

Vogelhof

Steinbachtal

Rankhofstraße

Kandelweg

Sankt Märgen

Hirschenhof

Feldbergstraße

Steinbacherhäusle

Matterweg

Hotel Löwen

P

Talweg

DURCH DEN HÜBSCHEN ORTSKERN

Der Hirschen **5**

Rössle

Südhang

Birkenweg

Waldweg

Feldbergstraße

Matthias Waldkuchi

4 Kloster St. Märgen

P

900

AUF EINEN BLICK

» **Start/Ziel:** Parkplatz Naturfreibad St. Märgen

» **Strecke:** 8,5 km (Rundtour)

» **Reine Wanderzeit:** 2 Std. 30 Min.

» **Höhenmeter:** ↗ 255 m ↘ 255 m

» **Wegbeschaffenheit:** Waldpfade, Forstwege, Asphalt-
straßen, Bürgersteig, ordentlicher Anstieg zur Ohmenkapelle.

» **Beste Zeit:** Vom Früh- bis in den Spätsommer, solange das Naturfreibad geöffnet hat.

» **Ausrüstung:** Badezeug, Sonnencreme, Proviant.

DIE WANDERPAUSEN

»START
Bahnhof Freiburg
St. Georgen

KM 1,8
1 Bammerthiisli
**Traumblick
in die Ebene**

KM 4,2
2 Sängerruh
**Gesellig am
Erinnerungsort**

KM 5,8
3 Schneeburg
**Panoramarast
in der Ruine**

FREIBURG IM PARA-DIESGAU

4

Vor der Stadt macht der Schönberg seinem Namen alle Ehre

Rebenmeer und Münsterblick, Burgruine und Winzersteak – all das verspricht die Rundtour über die benachbarten Gipfel des Schnee- und des Schönbergs. Sie ragen oberhalb des Freiburger Stadtteils St. Georgen auf, in dem nicht zuletzt der Weinbau für mediterrane Verhältnisse sorgt.

KM 6,5

4 Gasthaus Schönberg-Hof
Einkehr mit Legendenstatus

KM 7,5

5 Schönberg-Gipfel
Die Hoheit über zwei Täler

KM 11,5

6 Wendlinger Schiere
Happy End am Grill

KM 12,2 » ZIEL
Bahnhof Freiburg St. Georgen

SCHÖNER WANDERN

 Gerade mal drei Minuten benötigt die Regionalbahn vom Freiburger Hauptbahnhof bis zum Bahnhof des Stadtteils St. Georgen. Drei Minuten von der Innenstadt bis hinaus ins Grüne. Denn gleich hinter den Gleisen erhebt sich der Schönberg, über dessen Hänge die Reben wogen – soweit das Auge reicht. Kein Wunder, dass sich die Breisgauer mit diesem Paradies vor der Haustür gern in mediterranen Gefilden wähnen.

In langen Rebreihen wachsen die für ganz Südbaden typischen Burgundersorten, Gutedel oder Müller-Thurgau. Vereinzelt stehen aber auch die Namen echter Exoten auf den Tafeln in den Pflanzungen: Helios oder Solaris. Auch in Freiburg wird mit pilzwiderstandsfähigen Reben experimentiert. Das und noch mehr über Wein erfahren die Wandernden auf den ersten Kilometern der Tour auf den Schönberg, »Wein und Geschichte in St. Georgen« lautet das

EINE VERSCHNAUFPAUSE MIT DER VON DER SONNE ERWÄRMTEN SCHNEEBURG-MAUER IM RÜCKEN

Motto entlang des Weges. Dessen Flucht immer wieder den Blick auf die gar nicht so ferne Freiburger Altstadt freigibt, aus der unverkennbar der Münsterturm herausragt.

Als dieser in seiner ganzen Pracht in der ersten Hälfte des 14. Jh. vollendet wurde, stand auf dem **Schneeberg** – so heißt der niedrigere der zwei benachbarten Gipfel, die auf dieser Tour überquert werden – eine Burg. Nimmt man die Dicke der Mauern in Augenschein, die heute noch davon übrig sind, muss die kleine Festung ziemlich wehrhaft gewesen sein. Ihr Hausherr genoss einen ausgezeichneten Blick über die Region. Und es wird noch schöner! Denn auf dem Weg hinauf auf den **Schönberg-Gipfel** rückt die Ruine selbst ins Blickfeld und macht das Panorama perfekt.

Freilich vergeht so eine Bergtour nicht ohne Steigungen, ein paar sportliche Passagen sind also inklusive. Und wo Energie rausgeht, muss sie irgendwann auch wieder rein. Weshalb in der Mitte mit dem **Gasthaus Schönberghof** und ganz am Ende der Tour mit der **Wendlinger Schiere** Einkehrmöglichkeiten eingeplant sind, die sich vorzüglich auf ein Verwöhnprogramm für Wandernde verstehen. Schließlich soll die Schönbergrunde auch schön schmecken

Über Stock und Stein: Für den Wald am Schönberghang sollte man wanderschuh-technisch gewappnet sein.

Für die reifen Trauben am Weges-rand gilt: Nur gucken, nicht anfassen!

In dem Moment kurz vor Sonnenuntergang zeigen sich der Schneeberg und das Rheintal dahinter im magischen Licht.

WANDERN & GENIESSEN

● **» START**
Bahnhof Freiburg St. Georgen

Gleich hinter dem Bahnhof den Berg hoch und dem Weg entlang der Reben folgen. Vorbei am Wegkreuz von 1686 linker Hand, dann dem Themenweg »Wein und Geschichte in St. Georgen« hinterher.

KM 1,8

❶ Bammerthiisli
Traumblick in die Ebene

Mitten im Weinberg stehen das Häuschen und eine Bank davor, Zeit für eine Pause. In dieser Gegend haben erfahrene Wandernde dafür eine Flasche Wein und Gläser im Gepäck ... Vor den Augen breiten sich aus: Tuniberg, Kaiserstuhl und Freiburg, zuvorderst der Stadtteil St. Georgen mit der Georgskirche. Wie das Haus zu seinem Namen kam: Ein Bammert war früher eine Art Weinbergsordner, der dafür sorgte, dass sich während der Erntezeit niemand unerlaubt an den Trauben bediente. Das Hiisli bot ihm ein Dach über dem Kopf.

Dem Weg hinter dem Häuschen bergauf folgen, dann am orangefarbenen Winzerhiisli St. Georg rechts hoch, an der nächsten Verzweigung links und auf dem Wein-und-Geschichte-Weg bleiben. Was für eine Aussicht auf das Rebenmeer und das Münster! Am Wegende die asphaltierte Straße rechts hoch, dann wieder rechts, kurz darauf links, in der nächsten Linkskurve den Weg verlassen, auf dem schmalen Pfad in den Wald hinein und steil bergauf.

Das Bänkle am Bammerthiisli bietet Rast und einen Traumblick auf Freiburg und den Kaiserstuhl.

Die Sängerruh ist der farbenfrohe Beweis, dass es auch hier eine Dorfjugend mit Spraydosen und Langeweile gibt.

Von der Schneeburg auf dem Schneeberg sind noch ein paar mächtige Mauerreste übrig.

VERDIENTE PAUSE IM SCHATTEN DER BURG ←

KM 5,8

3 Schneeburg
Panoramarast in der Ruine

Seit mehr als einem halben Jahrtausend ist die erst später so genannte Schneeburg eine Ruine. Sie wurde auf dem Gipfel des Schneebergs (512 Höhenmeter) platziert, um einen wachsamen (und gleichzeitig herrlichen) Blick aufs Tal zu werfen. Erbaut haben die Burg lokale Herren im 13. Jh., später gehörte sie zu den weit verteilten Besitztümern des mächtigen Klosters St. Gallen in der Schweiz. Man muss die Arme teilweise weit ausbreiten, um die Stärke der alten Mauern zu vermessen. Ein wunderbarer Ort für eine Rast, zwischen den Mauern lassen sich zahlreiche tolle Plätze für ein aussichtreiches Picknick finden.

Nach dem Abstieg von der Burg die vorgelagerte Streuobstwiese umrunden, das nächste Zwischenziel ist bereits deutlich zu erkennen.

KM 4,2

2 Sängerruh
Gesellig am Erinnerungsort

Am Waldrand taucht ein kleiner Unterstand auf, der den St. Georgener Schulen, Kindergärten und Vereinen gern als Etappenziel für kleine Wanderungen und Umzüge dient. Das liegt unter anderem an der Feuerstelle, an der dann Stockbrot gegrillt wird, und an dem Unterstand, in dem man seine Wegzehrung bei nassem Wetter zumindest im Trockenen genießt. Teil des Ortes ist auch ein Erinnerungsstein, mit dem der örtliche Männergesangsverein den gefallenen Mitgliedern in den beiden Weltkriegen gedenkt.

Auf dem Weg neben der Sängerruh bergauf in den Wald hinein. An der nächsten Gabelung geradeaus der gelben Route folgen. Am Pfadende rechts und an der folgenden Verzweigung den linken Weg nehmen, bis links ein weiterer Pfad bergauf abknickt – diesem folgen.

Im Schönberg-Hof stehen die Tische draußen unter prachtvollen Kastanien. Wehe, wenn sie im Spätsommer fallen!

KM 7,5

⑤ Schönberg-Gipfel
Die Hoheit über zwei Täler

Obwohl der Gipfel mit 644 Höhenmetern nicht gerade everestverdächtig ist, erklimmt man ihn nicht ohne Stolz. Eine Portion Erhabenheit macht sich breit, was daran liegen mag, dass man hier oben gleich zwei Täler überblickt: Zusätzlich zum Rhein- kommt nun das Hexental auf der anderen Bergseite ins Spiel, hebt man den Blick, ist der Schauinsland – der Freiburger Hausberg – nicht zu übersehen. Um den Moment auszukosten, steht eine geschwungene Holzliege in Pärchenbreite zur Verfügung, auch eine Feuerstelle sowie weitere Aussichtsbänke laden zur Gipfelsause ein.

Der Abstieg führt zunächst an Kuhweiden vorbei und taucht dann in den Wald ein, den »Trail« teilen sich Wandernde jetzt mit Sportlichen auf Mountainbikes bis an den Ortsrand von St. Georgen. Dort gleich nach links in die Küferstraße einbiegen, an deren Ende die Felder mit einer Links-Rechts-Links-Rechts-Kombination überqueren und am Rand der Reben zum Bahnhof St. Georgen zurückkehren. Dort unter den Gleisen durch nach links und weiter geradeaus bis in den Ortsteil Wendlingen.

KM 6,5

④ Gasthaus Schönberg-Hof
Einkehr mit Legendenstatus

Die Höhenwirtschaft wird mal Schönberg-Hof mal Schönbergerhof genannt, sie ist und bleibt ein Sehnsuchtsziel der Einheimischen. Was am schönen Blick liegt, den man von der großen Biergarten-Terrasse unter Kastanien bis nach Freiburg hat. Oder an der verlässlich guten Küche, die Wandernde hier oben jedes Mal erwartet. Ein Klassiker sind die knusprigen Schnitzel mit Pommes, die legendäre Hühnersuppe, die frischen Salate und das herzhafte Vesper. Das alles kommt stets fix und gut gelaunt aus der Küche, ohne seinen »Hof« wäre der Schönberg am Ende nur halb so schön (Do–So ab 12 Uhr).

Vom Schönberg-Hof den Trampelpfad durch den Wald bergauf nehmen (gelbe Raute). Die letzten Anstiege dieser Tour sind nochmal knackig, zum Trost öffnet sich der Wald zur Rechten immer wieder für grandiose Aussichten.

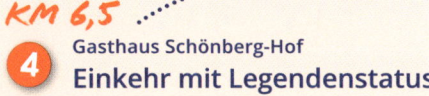

Die Ruheliege auf dem Schönberg-Gipfel nimmt die Schwarzwaldhänge ins Visier.

Der große Grill in der Wendlinger Schiere wird mit Rebholz befeuert.

FEUER FREI FÜR DEN HERZHAFTEN GENUSS!

EXTRA INFOS:

Die Weine zur Tour gibt's im gleich neben der Wendlinger Schiere im ● **Winzerhaus St. Georg**. Nicht wundern: Manche Trauben vom Schönberg landen in den Flaschen der Winzergenossenschaft im benachbarten Wolfenweiler, die hier ebenfalls erhältlich sind (www.winzerhaussanktgeorg.de).

KM 12,2 » ZIEL
Bahnhof Freiburg St. Georgen

KM 11,5

6 Wendlinger Schiere
Happy End am Grill

Die Schiere, was übersetzt so viel wie Scheune bedeutet, ist eine kulinarische Herzensangelegenheit der Familie Vögele. Das alte Gemäuer hat sie liebevoll restauriert und erweitert, in die Mitte der Küche einen mit Rebholz befeuerten Grill gestellt und den Gastraum mit designverdächtigen Tischen aus Schwarzwaldtannen möbliert. Darauf landet für Bärenhungrige alsbald ein Winzersteak, auch die Spareribs sind eine echte Versuchung, ebenso wie das röstaromatische Grillgemüse. Dazu gibt's Bier, Wein aus dem Ort und zum Abschluss einen von Hausherr Rolf Vögele selbstgebrannten Williams. Ein Wander-Happy-End! (www.wendlinger-schiere.de)

Mit so vielen Genussmomenten im Tank sind die letzten 400 Meter zurück zum Bahnhof St. Georgen ein Klacks.

Auf dem Weg bergab durch den Wald taucht plötzlich ein kleines Zwergenreich auf.

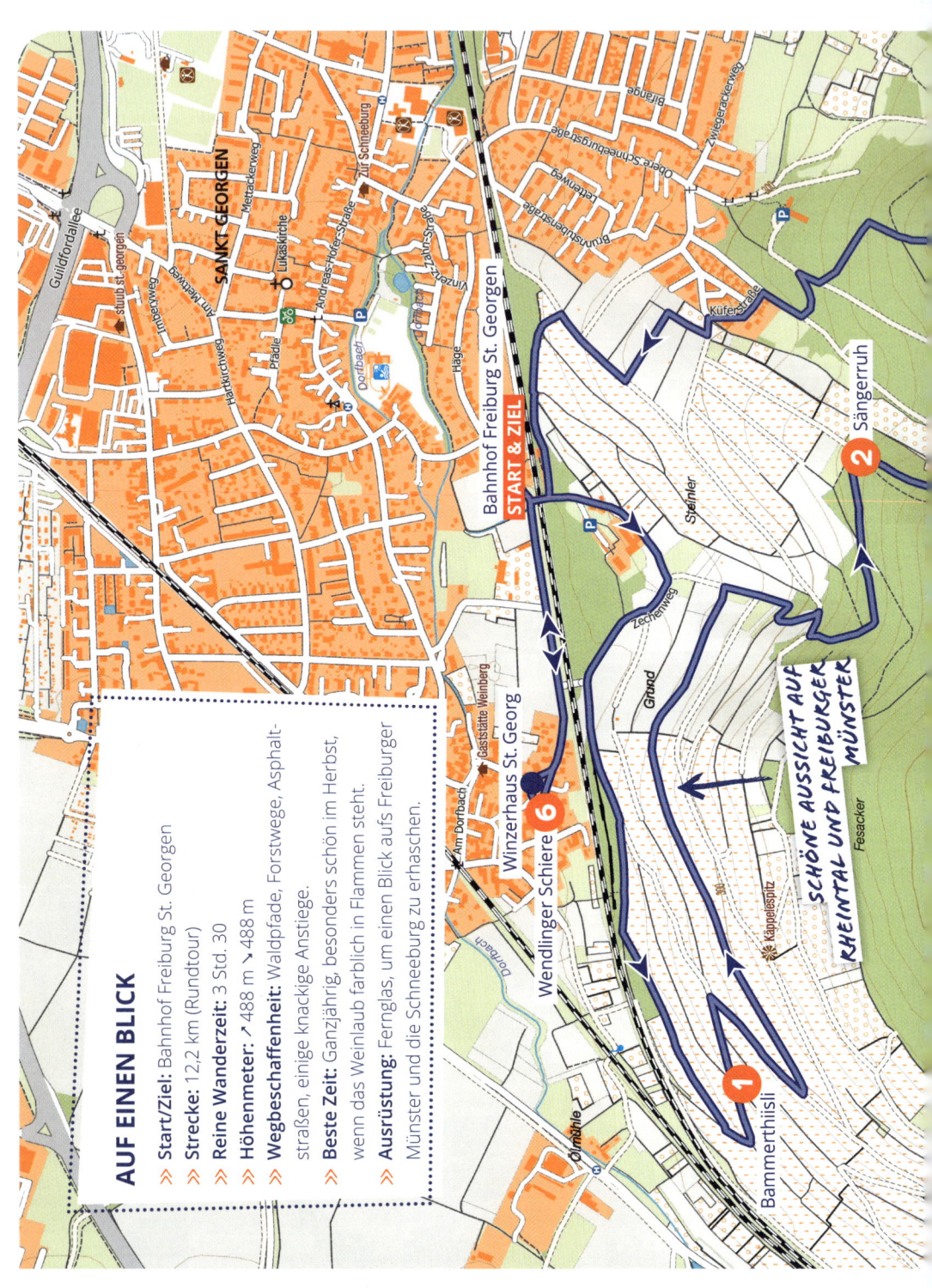

AUF EINEN BLICK

» **Start/Ziel:** Bahnhof Freiburg St. Georgen

» **Strecke:** 12,2 km (Rundtour)

» **Reine Wanderzeit:** 3 Std. 30

» **Höhenmeter:** ↗ 488 m ↘ 488 m

» **Wegbeschaffenheit:** Waldpfade, Forstwege, Asphalt-straßen, einige knackige Anstiege.

» **Beste Zeit:** Ganzjährig, besonders schön im Herbst, wenn das Weinlaub farblich in Flammen steht.

» **Ausrüstung:** Fernglas, um einen Blick aufs Freiburger Münster und die Schneeburg zu erhaschen.

SCHÖNE AUSSICHT AUF RHEINTAL UND FREIBURGER MÜNSTER

SANKT GEORGEN

Bahnhof Freiburg St. Georgen
START & ZIEL

Guildfordallee

stuub st. georgen

Imberg weg

Am Metzweg

Metzackerweg

Harbkirchweg

Lukaskirche

Andreas-Hofer-Straße

Zur Schneeburg

Prädle

Dorfbach

Häge

Vinzenzstraße

Obere Schneeburggstraße

Zittenweg

Brunisübenstraße

Bifange

Zwiegerackerweg

Küfer-Straße

Sängerruh

Steinler

Zechenweg

Gasshalt

Am Dorfbach

Gaststätte Weinberg

Winzerhaus St. Georg

Wendlinger Schiere

Gbad

Fesacker

Kappeleispitz

Bammerthüsli

Ohrmühle

Dorfbach

P

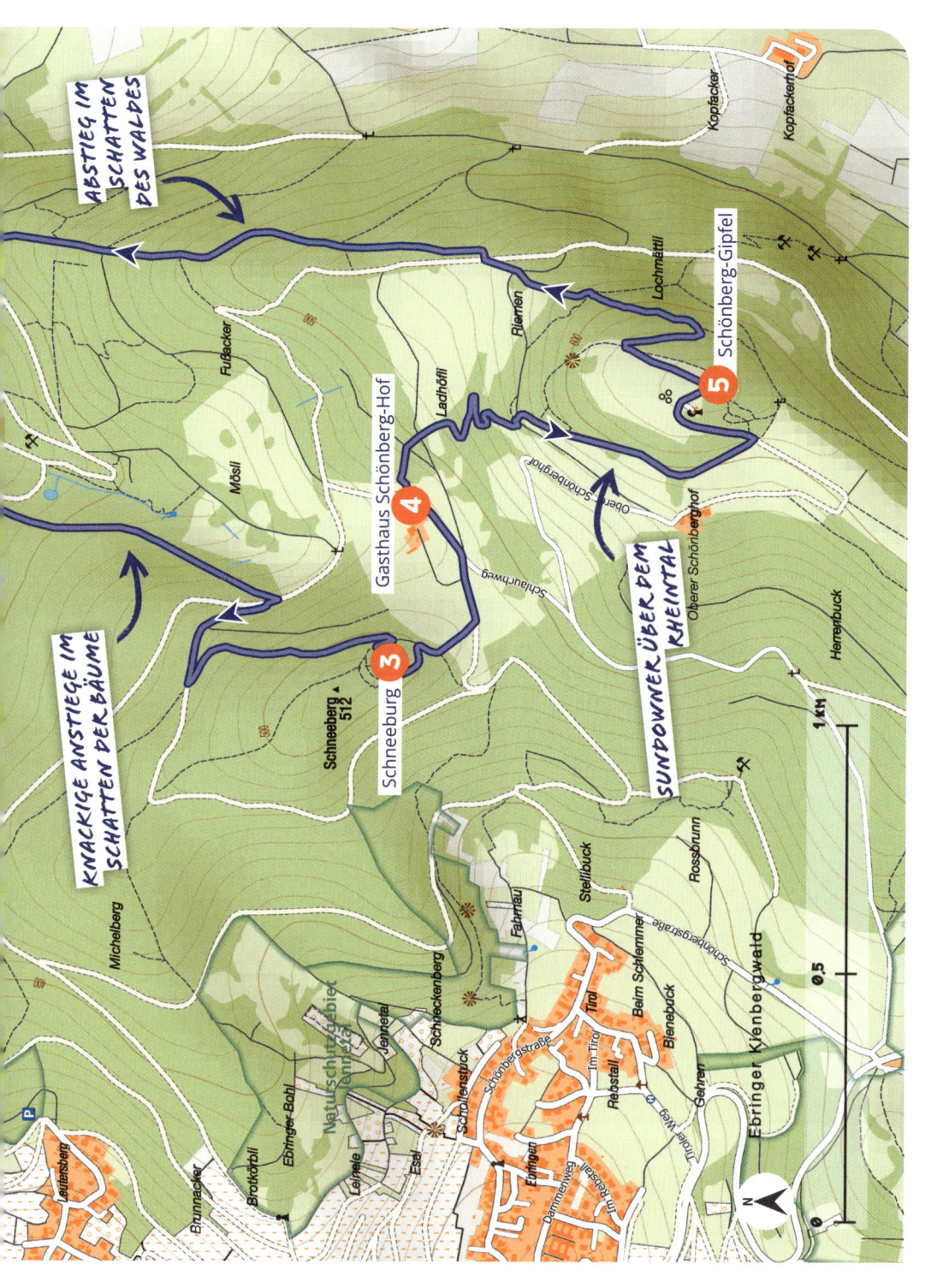

ABSTIEG IM SCHATTEN DES WALDES

KNACKIGE ANSTIEGE IM SCHATTEN DER BÄUME

SUNDOWNER ÜBER DEM RHEINTAL

Kopfacker

Kopfackerhof

Schönberg-Gipfel

Lochmättli

5 Schönberg-Gipfel

Riemen

Fußacker

Ladhöfli

Mösli

4 Gasthaus Schönberg-Hof

Oberer Schönberghof

Schlauchweg

Oberer Schönberghof

Herrenbuck

Schneeberg
512 ▲

3 Schneeburg

Michelberg

Rossbrunn

Stellibuck

Fahrnau

Schönbergstraße

Natuschutzgebiet
Tennetschtal

Schneckenberg

Jennetal

Ebinger-Bahl

Brotkofeli

Leinele

Esel

Schollenstück

Schönbergstraße

Im Tirol

Beim Schlemmer

Bienepeck

Ebringer Kienbergwald

Brunnacker

Michelberg

Leutersberg

P

Schönbergstraße

Edingen

Im Rebgut

Dammenweg

Gehren

Tiroler Weg

Redostall

Ø,5

1 km

N

DIE WANDERPAUSEN

»START
Freiburg, Straßenbahnhaltestelle Wonnhalde, Linie 2

KM 0,7

(1) Skulpturenpfad WaldMenschen
Holzköpfe mit Rübennase

KM 2,7

(2) Marxenbrunnen
Wasserspiel mit Pausenbank

KM 4,5

(3) Höchster Baum Deutschlands
Waltraut lässt bitten

5

SCHAU-INSTAL

Auf den Kybfelsen in Freiburg Günterstal

Vor den Toren Freiburgs trifft man im schattigen Forst auf knorrige Typen und eine große Frau. Mal steil, dann wieder sanft geschwungen geht's hinauf zum Kybfelsen. Für den recht sportlichen Aufstieg entschädigt ein fantastischer Blick ins Tal.

KM 8,7

4 Grillstelle Sohlacker
Ran an die Wurst

KM 9,6

5 Kybfelsen
Rast zwischen Ruinen-Resten

KM 12,5

6 Waldrestaurant St. Valentin
Im Pfannkuchen-Himmel

KM 13,7 » ZIEL
Günterstal, Endhaltestelle
Dorfstraße, Linie 2

MIT DER VON DEN BÄCHLE DURCHZOGENEN ...

 ... Altstadt gilt das malerische Freiburg als das Tor zum Schwarzwald. Wenn man so will, grenzt der Schwarzwald hier direkt an die Innenstadt. Nun ja ... fast zumindest. Jedenfalls hat man gefühlt gerade erst auf dem Münsterplatz einen herzhaften Biss von der Langen Roten, der Kult-Bratwurst vom Münstermarkt, abgeknabbert, da steht man kurz darauf schon im Schwarzwald. Deutlich daran zu erkennen, dass die Bäume hier dichter stehen als die Drahtesel.

Südlich von Freiburg schmiegt sich der Stadtteil Günterstal zwischen die bewaldeten Hänge eines saftig-grünen Tales. Am Horizont drehen sich träge zwei Windräder unterhalb des Schauinsland. An Hausbergen mangelt es Freiburg wahrlich nicht. Neben dem lieblichen Schönberg, dem hohen Schauinsland und dem von Windmühlen gekröntem Rosskopf schraubt sich von Günterstal aus der Kybfelsen in den blauen Schwarzwaldhimmel.

AUF DEM SCHROFFEN KYBFELSEN SITZEN UND AUF DAS GRÜN DURCHWIRKTE FREIBURG BLICKEN

Beschwingt geht es zwischen und unter den Bäumen hinaus nach Günterstal. Von Deutschlands südlichster Großstadt sieht und hört man erst einmal nichts mehr. Autos und Straßenbahn werden längst von Vogelgezwitscher übertönt. Hin und wieder klopft ein Specht auf Holz. Sicher ist sicher. Auf den **Kybfelsen** geht es über teils steinige Pfade vorbei an dichtem Unterholz und Geröllfeldern. Verwunschen ragen immer wieder Farne bis weit in den Pfad. Wie es sich für einen zerklüfteten Schwarzwald-Felsen gehört, umweht auch Kybfelsen ein Geheimnis: Der Sage nach soll hier ein Goldschatz vergraben sein. Wenn es unterwegs mal blinkt und glitzert, wird es allerdings wohl eher ein schickes Mountainbike sein. Denn mit dem Canadien-Trail beginnt etwas unterhalb des Kybfelsen ein wahrer Leckerbissen für Offroad-Biker.

Ins Gehege kommen sich Wandernde und Biker hier nicht. Im Gegenteil, den imposanten Blick vom Kybfelsen auf den Schönberg und Freiburg genießt man gemeinsam. Hinab geht's dann allerdings auf unterschiedlichen Wegen und vor allem unterschiedlich schnell. Nur um sich kurz darauf jedoch im Biergarten des **Waldrestaurants St. Valentin** zur gemeinsamen Einkehr zu treffen.

Vielleicht schlummert genau hier der sagenumwobene Goldschatz.

Im sonnendurchfluteten Mühlenwald baden die Blumen im Licht.

Höchster Baum Deutschlands
2,0 km

Bis zum nächsten Highlight der Route ist es nicht mehr weit.

WANDERN & GENIESSEN

● **» START**
**Freiburg, Straßenbahnhaltestelle
Wonnhalde, Linie 2**

Rechts auf dem Damm entlang zum Waldhaus Freiburg.

Waldwächter: Wer hier vorüberkommt, wird kritisch gemustert.

KM 0,7

1 Skulpturenpfad WaldMenschen
Holzköpfe mit Rübennase

Skurrile Gestalten treiben sich da hinter dem
Waldhaus Freiburg herum. Auf der Freifläche am
Umweltbildungshaus beginnt der Skulpturenpfad mit einem riesigen geschnitzten Wurzelkopf.
Links und rechts des Weges gibt es 18 Figuren
und Figurengruppen zu entdecken. Teilweise fügen sich die prägnanten Holzgesellen so gut in
ihre Umgebung ein, dass man erst einmal suchen
muss. Es tummeln sich unter anderem hölzerne
Zauberer, ein Einhorn, Schneewittchen und Rie-
sen im Unterholz. Besonders spektakulär ist der
fast sieben Meter lange Drache, der aus dem
Stamm einer vom Sturm gefällten 200 Jahre alten
Eiche geschnitzt und gezimmert ist. Bevor es weitergeht, kann man hinter dem Waldhaus eine
Schleife auf dem Skulpturenpfad drehen.

*Auf der Freifläche hinter dem Waldhaus links in den Wald,
dann die zweite Möglichkeit rechts, anschließend links halten. Scharf links auf die Luisenstraße abbiegen. Der Straße
etwa 1 Kilometer folgen und dann halb links in den Marxen-
weg.*

Gestatten, Waltraud von Mühlwald, höchster Baum Deutschlands.

KM 2,7

② Marxenbrunnen
Wasserspiel mit Pausenbank

Der sprudelnde kleine Brunnen liegt direkt am Wegesrand und ist gar nicht zu verfehlen. Namensgeber der vor einigen Jahren liebevoll restaurierten Wasserstelle ist der nahe Marxendobel, eine kleine Schlucht in der Flanke des Kreuzberges. Das Gebiet ist ein Teil des Arboretums Freiburg-Günterstal. Hier ist der Wald durchsetzt mit zahlreichen Mammutbäumen. Der Marxenbrunnen bietet sich perfekt für eine Rast inklusive Brotzeit an. Auch wenn man noch nicht lange unterwegs ist, lässt es sich am Brunnen schön kurz durchatmen.

Weiter den Wirtschaftsweg entlang und den Wegweisern zum höchsten Baum Deutschlands folgen.

GROSSE AUGEN, DICKE NASE

Willkommene Rast am plätschernden Brunnen direkt am Weg.

KM 4,5

③ Höchster Baum Deutschlands
Waltraut lässt bitten

Als Dreijährige wurde die Douglasie 1913 gepflanzt. Heute ist kein Baum des Landes höher. Die Daten fürs Buch der Rekorde: knapp 68 Meter hoch und ein Stammumfang von fast 3,5 Metern. Dass eine solch stattliche Douglasie auch einen Namen braucht, ist klar und so tauften Forstleute den Baum »Waldtraut von Mühlwald«. Trotz ihres Alters ist die Gute noch ausgesprochen vital und wächst 30 Zentimeter pro Jahr! Beinahe so schnell, dass man ihr dabei vom Liegestuhl am Fuß des Stammes zugucken kann.

Dem Mühlwaldweg folgen. Die Nächste scharf links und hinab bis zur Schauinslandstraße. Hier rechts, dann links in die Reutestraße. Am Parkplatz rechts und sofort links den Pfad hinauf. Rechts halten, bis der Kirchlingsrundweg kreuzt. Hier rechts. Nach etwa 1 Kilometer kreuzt der Eselbackenweg. Weiter geradeaus auf dem Pfad und links auf den Sohlackerweg

KM 8,7

4 Grillstelle Sohlacker
Ran an die Wurst

Beliebter Grillplatz: Am Sohlacker treffen sich Wandernde, MountainbikerInnen auf eine Wurst.

Oder den Grillkäse. Ganz wie's beliebt. Am Sohlacker treffen sich zahlreiche Waldwege und Pfade. Die große Wiese vor der kleinen Schutzhütte ist ein beliebter Rastplatz bei Abenteuerlustigen, die zu Fuß oder per Mountainbike auf dem Weg hinauf zum Schauinsland sind. Von hier blickt man hinab ins Kappler Tal. Neben seiner tollen Aussicht bietet der Rastplatz mehrere Holzbänke und eine große Feuerstelle mit einem Schwenkgrill. Ohne Grillgut legt man sich einfach in die Wiese und genießt hier die Sonne.

Dem Kybfelsensteig direkt links von der Schutzhütte hinauf zum Kybfelsen folgen.

Vom Kybfelsen schweift der Blick bis weit in die Rheinebene.

KM 9,6

5 Kybfelsen
Rast zwischen Ruinen-Resten

Eigentlich ist der Kybfelsen ja gar kein richtiger Berg, sondern nur ein Ausläufer des nahen Schauinsland. Spitzfindigkeiten! Denn mit seiner Aussicht auf den Schönberg, Freiburg und die dahinterliegende Rheinebene kann es der Kybfelsen locker mit jedem Berg aufnehmen. Bei der Fernsicht wundert es nicht, dass hier oben in grauer Vorzeit eine Burg stand. Von der ehemaligen Raubritter-Feste ist allerdings nicht mehr viel übrig. Vereinzelt lassen sich noch Stufen und Mauerelemente ausmachen, aber das reicht noch nicht einmal für eine Ruine. Wer die Burg wann gebaut haben mag, liegt im Dunkel der Geschichte verborgen. Ähnlich wie die Sage um den geheimnisvollen Goldschatz, der hier vergraben liegen soll.

Nachdem man den Ausblick genossen hat, folgt man den Wegweisern hinab nach St. Valentin (gelbe Raute).

KM 12,5

6 Waldrestaurant St. Valentin
Im Pfannkuchen-Himmel

Am besten beschließt man die abwechslungsreiche Tour im idyllisch gelegenen Waldrestaurant St. Valentin. Im herrlichen Biergarten unter großen Bäumen verdampft das erste Erfrischungsgetränk in durstigen Kehlen regelrecht. Beim Blick auf die Karte hat man die Qual der Wahl. Da reiht sich Leckerbissen an Leckerbissen. Ein Tipp: Die Pfannkuchen sind großartig. Bei einem Regenguss wechselt man einfach in die romantische Laube oder den gemütlichen Gastraum. Am Wochenende ist St. Valentin ein beliebtes Ausflugsziel, da kann eine Reservierung nicht schaden (www.sanktvalentin.eu).

Den Wegweisern nach Günterstal folgen. Am Parkplatz St. Valentin rechts den Pfad hinab. Dann die zweite Möglichkeit rechts. Der Pfad wird zur Valentinstraße. Rechts in die Kybfelsenstraße zur Straßenbahnhaltestelle.

EXTRA INFOS:

Unweit der Straßenbahnhaltestelle Dorfstraße ist das ● **Restaurant Kybfelsen** mit seinem Bilderbuch-Biergarten ebenfalls eine tolle Möglichkeit, die Wanderung ausklingen zu lassen. (www.kybfelsen-freiburg.de).

Wer noch gut zu Fuß ist, kann auch zurück zur Haltestelle Wonnhalde laufen und aus der Strecke eine Rundtour machen. Von der Dorfsraße sind es noch etwa 1,5 Kilometer bis zum Startpunkt der Wanderung.

KM 13,7 » ZIEL
Günterstal, Endhaltestelle
Dorfstraße Linie 2

JETZT EINEN PFANNKUCHEN!

Eine Einkehr ins gemütliche Waldrestaurant St. Valentin rundet die Tour perfekt ab.

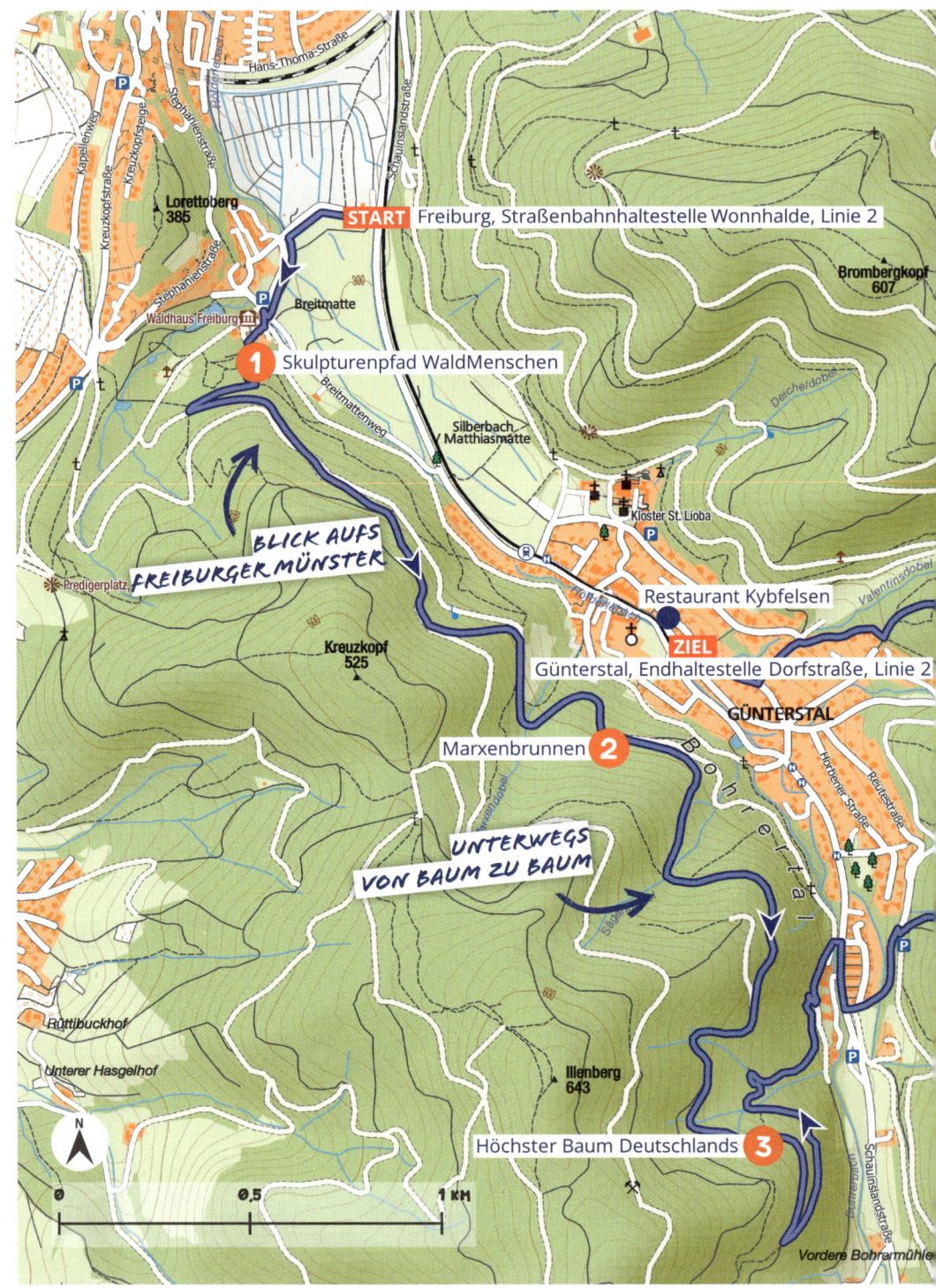

START Freiburg, Straßenbahnhaltestelle Wonnhalde, Linie 2

1 Skulpturenpfad WaldMenschen

BLICK AUFS FREIBURGER MÜNSTER

Restaurant Kybfelsen

ZIEL Günterstal, Endhaltestelle Dorfstraße, Linie 2

2 Marxenbrunnen

UNTERWEGS VON BAUM ZU BAUM

Höchster Baum Deutschlands **3**

Lorettoberg 385

Brombergkopf 607

Waldhaus Freiburg

Breitmatte

Silberbach Matthiasmatte

Kloster St. Lioba

GÜNTERSTAL

Kreuzkopf 525

Rüttibuckhof

Unterer Hasgelhof

Illenberg 643

Vordere Bohrarmühle

N

0   0,5   1 KM

AUF EINEN BLICK

» **Start:** Straßenbahnhaltestelle Wonnhalde. Alternativ Parkplatz Wonnhaldestraße
» **Ziel:** Straßenbahnhaltestelle Dorfstraße. Endhaltestelle der Linie 2
» **Strecke:** 13,7 km (Streckentour)
» **Reine Wanderzeit:** 5 Std.
» **Höhenmeter:** ↗ 710 m ↘ 710 m
» **Wegbeschaffenheit:** Gut ausgebaute Waldwege. Größtenteils im Schatten. Bisweilen geht's steil bergauf.
» **Beste Zeit:** Mai und Oktober sind in Freiburg die schönsten Monate des Jahres.
» **Ausrüstung:** Proviant. Ausreichend zu trinken. Insektenschutz schadet nicht.

Rehagsattel

Waldrestaurant St. Valentin

P 6

DER WEG SCHNÖRKELT SICH DURCH EINEN MÄRCHENWALD

▲ Kybfelsen (Schwarzkopf) 837

ZWISCHEN HOHEN FARNEN WIRD'S HIER STEIL

Kybfelsen

5 Kybfelsen

▲ Eichkopf 784

4 Grillstelle Sohlacker

Sohlacker

Steinzeitpfad
am Ölberg

Naturpark
Südschwarzwald

DIE WANDERPAUSEN

» START
Ehrenstetten, Parkplatz
Wentzinger Straße

KM 3
Rastplatz über den Reben
2 Genießen
am Ursprung

KM 7
Teufelsküche
3 Urzeit-
Immobilien

KM 0,7
1 Ölbergkapelle
Luftholen und
staunen

ZURÜCK IN DIE URZEIT

Durch die Weinreben zu den Steinzeithöhlen bei Ehrenstetten

Dass die Gegend um das beschauliche Ehrenstetten schön ist, wußten bereits die Menschen während der Steinzeit. Wo heute edler badischer Wein kultiviert wird, kann man unweit der Reben auf dem Ölberg immer noch geräumige steinzeitliche Ein-Zimmer-Höhlen entdecken.

KM 7,5

4 Trockensteinmauer
Löchriges Kleinod

KM 8,5

5 Gasthaus Löwen
Schlemmen unter Reben

KM 8,8 » ZIEL
Ehrenstetten, Parkplatz
Wentzinger Straße

EINE AUSGEZEICHNETE LAGE ...

 ... ist in Sachen Immobilien ja bekanntlich die Kirsche auf dem Sahnehäubchen. Das war bereits vor etwa 13.500 Jahren nicht anders. So lange ist es in etwa her, dass steinzeitliche Rentierjäger sich in den schutzbietenden **Höhlen** am Ölberg zeitweise häuslich einrichteten. Schon in der Altsteinzeit, lange vor der Gründung Ehrenstettens, galt dies also als schöne Wohngegend. Der Hochschwarzwald weicht hier allmählich dem Markgräflerland. Die bewaldeten Schluchten und Gipfel gehen in eine liebliche Hügellandschaft mit saftigen Wiesen und üppigen Streuobstwiesen über.

ZWISCHEN DEN SONNEN-VERWÖHNTEN REBEN RASTEN UND DIE ZEIT VERGESSEN

Wer hier wandert, absolviert quasi einen herrlichen Balanceakt direkt auf der Schnittstelle zwischen dem bisweilen urtümlichen Schwarzwald und der malerischen Kulturlandschaft des Markgräflerlandes.

Der Wein ist hier allgegenwärtig. Sogar im Wappen trägt Ehrenstetten, ein Teilort der Gemeinde Ehrenkirchen, die Traube. Vom Klima begünstigt, gedeihen in den Weinbergen am und um den **Ölberg** die Rebsorten Gutedel und einige Burgundersorten. Der Marsch durch die steilen Hänge der Weingärten ist schweißtreibend. Schatten ist rar. Man verzehrt sich geradezu nach einem kühlen Grauburgunder, das Glas vor Kälte beschlagen. Auf den Wegen durch die Reben steigt einem immer wieder der prägnante schwefelige Geruch in die Nase. Mit der Schwefelung prägen die Winzer den Stil des Weines und stellt gleichzeitig seine Qualität sicher.

Eben noch im Sonnenschein umgeben von Rebstöcken voller saftiger Trauben, wird anschließend der schattige Wald zur Wohltat. Als wolle er sich vehement in Erinnerung rufen, ist der Schwarzwald auf einmal wieder da. Und wie. Beinahe möchten man glauben, über eine unsichtbare Schwelle oder ein Portal in die Urzeit zurückgestolpert zu sein. Trottete ein Rentier oder ein Wollnashorn um die nächste Kurve, es würde in diesem Urwald auf dem Steinzeitpfad am Ölberg nicht weiter verwundern.

Ob eingebildet oder nicht, solche Zeitreisen regen den Appetit an! Leider sind die Gasthäuser hier jedoch dünn gesät. Bestenfalls startet man die Wanderung nach der Mittagshitze und kehrt am späten Nachmittag etwa im **Gasthaus Löwen** ein.

Von der Sonne verwöhnt. Das gibt einen gute Weißburgunder!

Wie das blüht, duftet und summt. Endlich Frühling!

Honighort: Die Obstblüten sind ein Leckerbissen für Bienen.

WANDERN & GENIESSEN

» START

**Ehrenstetten, Parkplatz
Wentzinger Straße**

*Über die Brücke, dann zweimal rechts. Links an der Kirche
vorbei den Wegweisern zum Steinzeitpfad folgen.*

*Der Anstieg zur Ölbergkapelle ist
recht knackig.*

KM 0,7

1 Ölbergkapelle

Luftholen und staunen

Nach dem steilen Anstieg kommt die Ölbergkapelle wie gerufen. Im Schatten eines Baumes
kann man auf einer Bank wieder zu Atem kommen. Danach unbedingt den Weg, der um die
Kapelle führt, erkunden. Von drei Bänken bietet
sich jeweils eine tolle Aussicht. Östlich erschlie-
ßen sich das Hexental und die Vorberge des
Schwarzwaldes. Die Gipfel reihen sich hier wie an
einer Kette auf, während sich im Süden die wei-
ten Flächen des Rheintals ausdehnen. Eines der
schönsten Panoramen Deutschlands. Übrigens
amtlich verbrieft: 2017 wurde eine Briefmarke
mit diesem Rundblick als Motiv zur schönsten
Briefmarke Deutschlands und Europas gewählt.

*Zunächst dem Steinzeitpfad folgen. Rechts halten, am
Parkplatz links. Nach etwa 1 Kilometer scharf links und die
nächste sofort wieder rechts. Links den Pfad über die Wiese
hinab zum Kalkwerk. Vor dem Werk rechts, dann links
halten.*

*Weites Land: Vom Ölberg blickt man bis
in die Rheinebene.*

Kleinod am Wegesrand: Die farbenprächtige Blüten Wilder Malven leuchten in den Wiesen.

KM 7

3 Teufelsküche
Urzeit-Immobilien

In einem Loch im Boden da lebten ... nein, keine Hobbits, sondern steinzeitliche Rentierjäger. Zumindest zeitweise, befristet sozusagen. Der feste Wohnsitz war ja noch nicht erfunden. Die Höhlen an der Ostflanke des Ölbergs boten den Jägern und Sammlern effektiven Schutz vor Wind und Wetter. Genau das, was sich der durchschnittliche Steinzeitmensch eben nach einem harten Tag auf der Hirsch- oder Mammutjagd wünschte. Im Volksmund heißen die frei zugänglichen Kalksteinhöhlen seit jeher schlicht Teufelsküche. Zu erreichen sind sie über einen schmalen Pfad, der vom Hauptweg den Hang hinaufführt. Eine Erkundung der Höhlen lohnt sich auf jeden Fall. Aber Vorsicht mit dem Kopf, die Neandertaler waren deutlich kleiner als der moderne Mensch.

Dem Pfad weiter folgen. Das Mammut-Symbol des Steinzeitpfades gibt Orientierung.

KM 3

2 Rastplatz über den Reben
Genießen am Ursprung

Wer (in der entsprechenden Jahreszeit) während des Aufstiegs ständig die reifen Trauben während des Aufstiegs vor Augen hat, dem muss ja das Wasser im Munde zusammenlaufen. Etwa auf dem Scheitelpunkt durch die Reben am Steinberg liegt ein überdachter Rastplatz mit Grillstelle. Geschützt vor der Sonne, bietet sich hier ein toller Platz für eine Pause. Als Proviant sollte man auch den Wein nicht vergessen. Idealerweise einen feinherben Weissburgunder vom Ölberg. So genießt man den edlen Tropfen an der Quelle. Da lohnt es sich, Kühlakkus im Rucksack mitzuschleppen. Wer die nicht einpacken will, greift einfach zum Spätburgunder.

Weiter auf dem Weg, dann die dritte Möglichkeit rechts und sofort links dem Pfad durch den Wald folgen. Rechts abbiegen und scharf links auf den Schulbachweg. Sobald der Bach kreuzt, rechts halten und dem Elsbergrundweg zum Sportgelände folgen. Nach dem Friedhof rechts auf den Ölbergweg. Rechts halten, die Kuckucksbadstraße nehmen. Dann links, gleich wieder rechts und auf dem Steinzeitpfad weiter.

Geräumige Ein-Zimmer-Höhle in bester Lage!

Wo die Eidechse wohnt: Die flinken Tiere flitzen hier durch die Trockensteinmauern.

Stärkung zwischen Blüten: Bitte ein Radler für die Wandernden.

KM 7,5

Trockensteinmauer

4 Löchriges Kleinod

Auch in den Weinhängen am Ölberg stößt man ständig auf die typischen Trockensteinmauern. Zum Glück! Denn die ohne Sand oder Zement errichteten Mauern gelten als stark bedrohter Biotop-Typ. Sie bieten nicht nur zahlreichen Pflanzen und Tieren wie Wildbienen oder Eidechsen einen sehr speziellen Lebensraum, sie verhindern auch eine Verbuschung des Weinberges und verringern zudem die Erosion. Wer sich während des Sonnenbades auf der Bank ganz still verhält, kann mit sehr viel Glück eine der sehr seltenen Smaragdeidechsen vorbeiflitzen sehen.

Viermal rechts halten. Dann dreimal links halten. Rechts, links und wieder links.

KM 8,8 » ZIEL
Ehrenstetten, Parkplatz Wentzinger Straße

KM 8,5

Gasthaus Löwen
⑤ Schlemmen unter Reben

Für den Abschluss der Tour bietet sich der schöne Innenhof des Gasthaus Löwen an. Serviert werden saisonale Leckerbissen und gutbürgerliche Klassiker. Unbedingt auch den hiesigen Wein probieren. Sicherheitshalber sollte man vorher reservieren (Mo, Do, Fr ab 17, Sa 11–14 und ab 17, So und feiertags 11–14 und ab 16.30 Uhr, Tel. 07633-5311).

Die Wentzinger Straße entlang bis zum Parkplatz.

LECKEREI IM HERBST

Weder Neuen Süßen noch Zwiebelkuchen sollte man sich (im Spätsommer) entgehen lassen!

Neuer Süßer Zwiebelkuchen

AUF EINEN BLICK

» **Start/Ziel:** Parkplatz Wentzinger Straße, Ehrenstetten; Bushaltestelle Ehrenstetten Kirche
» **Strecke:** 8,8 km (Rundtour)
» **Reine Wanderzeit:** 2 Std. 30
» **Höhenmeter:** ↗ 252 m ↘ 252 m
» **Wegbeschaffenheit:** Lange Asphalt- und Schotterpassagen. Schmale, etwas steinige Pfade. Die Wege durch die Reben liegen oft in der prallen Sonne.
» **Beste Zeit:** Im Frühjahr zur Obstblüte oder zur Weinlese von Mitte September bis Mitte November.
» **Ausrüstung:** Ausreichend zu trinken. Grillgut. Sonnenschutz.

HIER GEHT'S STEIL HINAUF

Paul-Gerhardt-Haus

Ehrenkirchen

Oberambringen

Kirchbergstraße

Schmiege

Am Rosenberg

Oberambringen

Albertstraße

Unterdorfstraße

Kapfengasse

Holzhandlung

St. Fridolin-und-Walburgis-Kapelle

Ölberg
Ehrenstetten

Gasthaus Löwen **5**

Ölbergkapelle **1**

Café der Bäckerei Heitzmann

Trockensteinmauer **4**

Ehrenstetten, Parkplatz Wentzinger Straße **START & ZIEL**

Im Breil

Hofenstraße

Ehrenstetten

Wentzinger Straße

Möhlin

Ziegelmattenstraße

Schopbachgasse

Ehrenstetter Ahbach

N

Ø   0,5   1 KM

Kirchhofener
Hohfirstwald

Bollschweiler
Hohfirstwald

DURCH EIN SCHATTIGES TAL

Rastplatz über den Reben **2**

HERRLICHER WEG OBERHALB DER REBEN

Ellighofen

Ellighofen

Am Rebberg

Schulbachweg

Dorfbach

Ölbergweg

Kuckucksbadstraße

Eckstraße

Unterdorf

Gartenweg

General-von-Holzing-Straße

Bollschweil

Möhlin

Gewerbestraße

Schloss Bollschweil

Weingut Mangold

Bolando

Hexentalstraße

H e x e n t a l

Schulstraße

Gitterweg

3 Teufelsküche

Felsenmühle

Gütighofen

Wentzinger Straße

FANTASTISCHER PFAD ENTLANG ALTER TROCKEN- STEINMAUERN

Griesbach

Schlierberghof

Schopbachhütte

DIE WANDERPAUSEN

7

MOORE & MÜHLEN

Über Hinterzarten in die Ravennaschlucht

Zwar rattern und klappern sie schon lange nicht mehr regelmäßig, ein Blickfang sind die historischen Mühlen und Sägen in der wildromantischen Ravennaschlucht allerdings auch heute noch. Unterwegs auf den Spuren einer faszinierenden Kulturlandschaft.

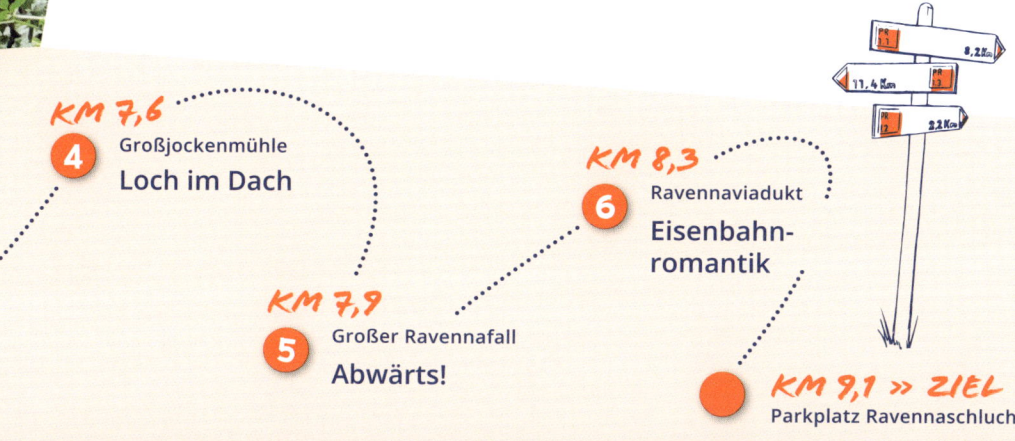

KM 7,6
4 Großjockenmühle
Loch im Dach

KM 7,9
5 Großer Ravennafall
Abwärts!

KM 8,3
6 Ravennaviadukt
Eisenbahn-romantik

KM 9,1 » ZIEL
Parkplatz Ravennaschlucht

EIN ZUCKERSCHLECKEN WAR ES NICHT ...

 ... das Leben im Schwarzwald des 19. Jh.: karge Böden, steile Hänge, tiefe Schluchten, strenge Winter und enge Täler. Heißt eines dieser Täler dann auch noch Hölltal, bleiben keine Fragen offen. Für die atemberaubende Schönheit der Natur, die moderne Wandernde so ehrfürchtig bestaunen und knipsen, hatten damals durchschnittliche Einheimische keine Augen. Der Lebensunterhalt war wichtiger. Und dennoch war die Natur ein Faktor. Ein Wirtschaftsfaktor. Schon seit Jahrhunderten machen sich die Menschen im Schwarzwald die Kraft der Natur zunutze. Etwa die der ins Tal donnernden Flüsse. Zahlreiche Mühlen, Sägen und Schmieden säumten einst die Ufer im Löffelbachtal und in der Ravennaschlucht.

Einige dieser beeindruckenden Kulturdenkmäler stehen auch heute noch da wie eine Eins. Liebevoll gehegt und gepflegt, funktionieren sie wie eh und je. Harte Arbeit war und ist es dennoch – Wasserkraft hin oder her. Also lieber staunen und wandern. Hinauf geht's ins hübsche Hinterzarten, passenderweise ein Höhenluftkurort. Man riecht's. Herrlich ist die Luft. Auch hier machten sich die Schwarzwälder die Natur zu Nutze. So lieferte das **Hinterzartener Moor** am Rande des beschaulichen Ortes eine Zeitlang Torf. Auch das Torfstechen ist ein Knochenjob, auf den man zu Gunsten von Wandern und Spazieren gerne verzichtet.

IMMER WIEDER JAGT DIE RAVENNA IN DER SCHLUCHT GISCHTSPRITZEND UNTER STEGEN UND BRÜCKEN HINDURCH

Welche unbändige Kraft Müller, Schmiede und Säger für sich einspannten, führt die **Ravenna** beim Abstieg ins Hölltal dann deutlich vor Augen. Immer wieder presst sich der Fluss brüllend und tosend durch Engstellen, trudelt plötzlich wieder eher gemächlich weiter, nur um dann als schäumender Wasserfall gen Tal zu klatschen. An ihrem Ausgang überragt das mächtige **Ravennaviadukt** schließlich die herrliche Schlucht. Und direkt dahinter brummt das Hofgut Sternen, die Touristenhochburg im Hölltal. Schon bevor hier die wohl größte Kuckucksuhr der Welt stand, soll Marie-Antoinette auf ihrer Brautfahrt von Wien nach Versailles 1770 Station im historischen Gasthaus Sternen gemacht haben. Dichterfürst Goethe blieb 1779 gleich über Nacht. Bis heute weiß man das hier zu schätzen.

Der malerische Birklehof beherbergt ein privates Internat.

Einfach mal Zeit lassen, langsam machen und die Natur genießen.

Venedig goes nature: In der Ravennaschlucht folgt Brücke auf Brücke.

WANDERN & GENIESSEN

» START
Parkplatz Ravennaschlucht

Nach rechts. Dem Wegweiser des Heimatpfads Hochschwarzwald nach Hinterzarten folgen.

Ein Schelm, der Faun! Der imposante Holzgeselle feixt am Rande des Moores.

Mit Stellfallen wird das Wasser auf die Antriebsräder der Sägen geleitet.

KM 1,2

1 Klingenhofsäge
Archaische Ingenieurskunst

Nachdem man bereits eine erste historische Säge am Wegrand passiert hat, taucht am Ufer des Rotbachs bald die restaurierte und voll funktionstüchtige Klingenhofsäge auf. Eine robuste und gleichzeitig einfach konstruierte Klopfsäge, wie sie während des 13./14. Jh. gebaut wurde. Gerade einmal vier Exemplare dieses mittelalterlichen Typs sägen in Deutschland heute noch Baumstämme. Das Denkmal ist frei zugänglich und ein QR-Code am Gebäude lotst Interessierte zu einem Online-Video, das die Säge in Aktion zeigt und ihre Funktionsweise erklärt. Von Mai bis Oktober finden an jedem zweiten Sonntag bei der Klingenhofsäge Vorführungen statt.

Weiter auf dem Weg. In Hinterzarten den Wegweisern zum Bahnhof folgen. Am Bahnhof vorbei und auf der Höhe des Adlerweihers links abbiegen.

Ganz nah dran: Auf dem Steg mitten durchs Moor.

KM 7,1

③ Sandbank an der Ravenna
Es plätschert zur Pause

Es geht hinab in die Ravennaschlucht. Der Fluss tost wild in Richtung Hölltal. Er spritzt, schnellt, gurgelt, nur um sich dann in einer Kehre wieder deutlich zurückzunehmen. Vielleicht holt er nochmals Luft für das, was da noch kommt. Aber genau in dieser Kehre lädt eine schmale Sandbank am Ufer als perfekter Rastplatz zum Pausieren ein. Bemooste Steine und dicke Wurzeln geben die Versperbank. Verstohlen drücken sich immer wieder einzelne Sonnenstrahlen durch die Baumwipfel und zerfasern glitzernd auf der Wasseroberfläche. Die Challenge in Sachen Tiefenentspannung: Steintürmchen bauen.

Dem Weg am Ufer der Ravenna weiter folgen.

KM 3,3

② Hinterzartener Moor
Der Steg über den Sumpf

Obwohl der Torfabbau bei Hinterzarten 1925 nach nur wenigen Jahren als unrentabel aufgegeben wurde, hinterließ er im Hochmoor Spuren. Beinahe wäre das Moor durch die Entwässerungskanäle ausgetrocknet. Mittlerweile ist das Hochmoor Naturschutzgebiet und die Renaturierung in vollem Gange. Rauschbeere, Sonnentau und Wollgras gedeihen auf dem sauren und nassen Boden wieder bestens. Mit scharfem Auge lassen sie sich vom Holzsteg, der quer über die Moorfläche führt, entdecken.

Auf dem Rundweg durchs Moor links halten. Links in die Freiburger Straße. Hinter dem Hotel Silberdistel rechts. Direkt vor der Unterführung die Treppe rechts hinauf und der weiß-roten Raute folgen.

Turmbau zu Ravenna: Wer baut am höchsten?

Unverhofft macht der Fluss einen spektakulären Satz in die Tiefe.

KM 7,6

4 Großjockenmühle
Loch im Dach

Vollkommen unverhofft steht die historische Getreidemühle auf einmal am Weg. Der erste Gedanke, der sich aufdrängt: Die ist kaputt, da läuft ja Wasser ins Dach! Nein, kaputt ist da nichts. Das muss so, auch wenn es für eine Mühle eher selten ist, dass das Wasser durch das Dach auf das Mühlrad geleitet wird. Das rustikal vergitterte Seitenfenster der Mühle gewährt einen guten Blick auf das massive Mahlwerk des Gebäudes. Errichtet wurde die Mühle 1883, etwa zeitgleich mit dem Bau der Eisenbahnlinie im Hölltal. Mahlen kann sie immer noch, auch hier gibt es regelmäßig Vorführungen (Informationen und Termine auf www.heimatpfad.de).

Weiter auf dem Weg dem Flusslauf folgen.

Qualitätsarbeit: Die Zahnräder des Mahlwerks greifen immer noch perfekt ineinander.

KM 7,9

5 Großer Ravennafall
Abwärts!

Ganz so, als ginge es der Ravenna nicht schnell genug, macht sie urplötzlich einen riesigen Satz in die Tiefe. Es brodelt, platscht und sprudelt. Dann geht es abwärts. Knapp 16 Meter ist die Fallhöhe des großen Ravennawasserfalls. Ein, zwei Biegungen flussaufwärts macht sie am kleinen Ravennafall schon mal die Generalprobe, wenn's dort auch nur etwa 6 Meter sind. Den besten Blick auf die spektakuläre Wassersäule erhascht man am Fuße einer Metalltreppe. Dort legt sich der Bergbach schäumend in die nächste enge Linkskurve. Vorsicht, die Steine können durch Gischt und Moos rutschig sein.

Am Uferweg entlang weiter bergab.

KM 8,3

6 Ravennaviadukt
Eisenbahnromantik

In neun Bögen überspannt das 1926 errichtete Viadukt die Schlucht der Ravenna. 36 Meter hoch, 224 Meter lang, überwindet es eine Steigung von 12 Metern. So die blanken Zahlen. Kuriosum am Rande: Die Ravennabrücke ist die einzige Brücke der Deutschen Bahn, die über eine eigene Heizung verfügt. So wird die Fahrt in luftiger Höhe im Winter keine Rutschpartie auf vereisten Schienen. Kurz vor Kriegsende von deutschen Truppen gesprengt, dauerte es bis 1948, bis hier wieder Züge über die Schlucht fuhren. So lange ging es für die Reisenden vom Bahnhof Höllsteig zu Fuß durch das Löffeltal nach Hinterzarten. Die Tickets versah die Bahn sicherheitshalber mit dem Vermerk »inklusive Fußweg«. Vom Pavillon auf dem Galgenberg, zu dem ein Pfad links nach dem Viadukt hinaufführt, hat man den besten Blick.

Am Hofgut Sternen links halten und zurück zum Parkplatz.

EXTRA INFOS:

Im Hölltal unterhalb des Ravennaviadukts ist das ● **Hofgut Sternen** einerseits eine wunderschöne Anlage mit Hotel und Biergarten, andererseits leider auch ein touristisches Schwergewicht. Die BesucherInnen werden hier morgens in Bussen angekarrt. Am Nachmittag ist dann häufig weniger los (www.hofgut-sternen.de). Wer die Rundtour in die entgegengesetzte Richtung starten will, sollte unbedingt vor 10 Uhr in der Ravennaschlucht losgehen, um die Reisegruppen zu vermeiden.

Wem unterwegs der Magen knurrt, der findet im ● **Gasthaus S'Pfännle** in Hinterzarten eine gemütliche Einkehrmöglichkeit mit gutbürgerlicher Küche (www.spfaennle.de).

KM 9,1 » ZIEL
Parkplatz Ravennaschlucht

Eisenbahnromatik wie aus dem Bilderbuch. Die Züge der Hölltalbahn ziehen hier in luftiger Höhe vorbei.

ORIGINELLER SOCKENZAUN

Föhrwald- Jungholz

Kussenhäusle

Jungholzhof

Piketfelsen

Blick nach Breitnau

Löffelhäusle

Sandbank an der Ravenna **3**

Schanzbirklehäusle

Großer Ravennafall **5**

4 Großjockenmühle

Oberhöllsteig

6 Ravennaviadukt

Galgenbühl

Großjockenhof

Hofgut Sternen

Dreherhof

Zum Hirschen

ÜBER SECHS BRÜCKEN MUSST DU GEHEN

Löffelmacherhof

Oberhöllsteig

B31

Höllsteig

Höllental

Schmiedbauernhof

B31

GOETHE WAR AUCH SCHON HIER

Haldenhäusle

Hochgangsäge

Hirschenmühle

Parkplatz Ravennaschlucht **START & ZIEL**

Löffeltal

Klingenhofsäge **1**

Löffeltal

Bistenbach

Kläranlage Hinterzarten

Rappeneckerhäusle

Rappeneck

Bistenwasserfall

Alpersbach

Schmelzhäusle

Postmichelhäusle

Alpersbach

Schrofenhäusle

Schilihäusle

Bisten

Schwörenhäusle

Bisten

Bistenhof

Doblerhäusle

Alpersbacher Straße

Michelthomlishof

Windeckbach

N

Klingenhof

Windeck

Ø   Ø5   1 KM

AUF EINEN BLICK

» **Start/Ziel:** Parkplatz Ravennaschlucht, Alternative Bahnhof Hinterzarten
» **Strecke:** 9,1 km (Rundtour)
» **Reine Wanderzeit:** 2 Std. 30
» **Höhenmeter:** ↗ 230 m ↘ 230 m
» **Wegbeschaffenheit:** Gut ausgebaute Schotterwege, abwechselnd in der Sonne und im Schatten. In der Ravennaschlucht führt der Weg über zahlreiche Brücken, Stege und Treppen. Je nach Witterung kann es dort rutschig sein.
» **Beste Zeit:** Von Juli bis September ist es angenehm kühl. Im goldenen Oktober leuchtet der Wald regelrecht. In den Wintermonaten ist die Schlucht gesperrt.
» **Ausrüstung:** Festes Schuhwerk und eine zünftige Verpflegung. Im Moor kann ein Insektenschutz nicht schaden.

MEHR MOOR GEHT IM SCHWARZWALD NICHT

Golfclub Hochschwarzwald e.V.

Birklehof

Birklehof

B31;B500

Am Rösslewald

Am Rössleberg — Seminarhotel Sonnenhof

Bundesstraße

Földi Klinik

Freiburger Straße

Rösslehofweg

Sonnenbühlweg

Löffeltalweg

Löffelhäusle

Rappeneckweg

Sushi & Nem

Moosbächle

Heiligbrunnenstraße

Hotel Zartenbach

Alpersbacher Straße

● **Gasthaus S'Pfännle**

② Hinterzartener Moor

Mattenweg

Im Grund

Hinterzarten

Herchenhof

Herchenwäldle

Albert-Ketterer-Weg

Windeckweg

Reppert

CouCou

Wasserscheide Dreisam/Gutach

Altenweg-bächle

DIE WANDERPAUSEN

>> START
Wanderparkplatz
St. Johannisbreite, Kandern

KM 4,6

1 Ruine Sausenburg

**Trutzburg über
den Wipfeln**

KM 8,3

2 Schloss Bürgeln

**Barockes
Schmuckstück**

KM 10,5

3 Eggenertal

**In der Genuss-
landschaft**

EIN OBST-GARTEN

Im Markgräflerland durchs Eggenertal

Die Äste biegen sich hier unter leuchtenden Kirschen, üppigen Zwetsch-gen, knackigen Äpfeln und süßen Birnen. Den Kuchen dazu gibt's stil-echt auf einem Schloss und am höchsten Punkt der Tour thront die Ruine einer mittelalterlichen Ritterburg.

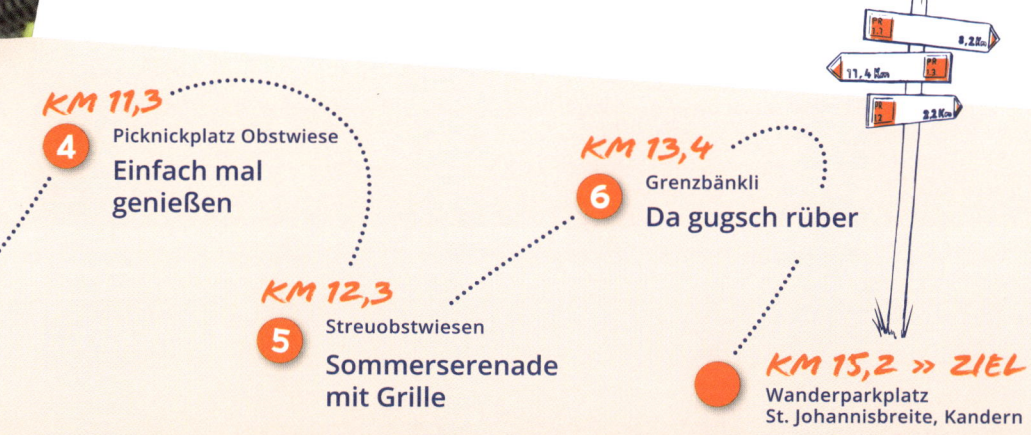

KM 11,3

4 Picknickplatz Obstwiese
Einfach mal genießen

KM 12,3

5 Streuobstwiesen
Sommerserenade mit Grille

KM 13,4

6 Grenzbänkli
Da gugsch rüber

KM 15,2 » ZIEL
Wanderparkplatz
St. Johannisbreite, Kandern

HIER KOMMT SIE ALSO HER ...

 ... die wichtigste Ressource für die Schwarzwälder Kirschtorte. Im Eggenertal südlich von Freiburg dreht sich alles – oder zumindest vieles – um die Kirsche. Über ein Dutzend verschiedene Kirscharten wachsen hier in den weitläufigen **Streuobstwiesen** und Plantagen. Mitte April wirkt das ganze Tal wie in Zuckerwatte gepackt. Tausende Kirschbäume erstrahlen in Weiß. Eine Landschaft wie ein Gemälde. Kein Wunder also, dass dem Eggenertal im Markgräflerland der Beiname »Kirschblütental« verliehen wurde. Sozusagen als Künstlername.

Der Schwarzwald hält sich hier vornehm zurück und wirkt nur dezent im Hintergrund als großartige Kulisse. Und trotzdem ist er nie weit weg. Wenn sich die Bäche hier auch nicht zu tiefen Schluchten in den Boden graben. So idyllisch das **Eggenertal** sich heute zeigt, so ruppig ging es hier in der Vergangenheit zu. Sowohl in den Bauernkriegen des 16. Jh. als auch während des Dreißigjährigen Krieges flogen an der **Sausenburg** ordentlich die Fetzen. Auch später ging es immer wieder heiß her.

WENN ES DIREKT ZWISCHEN DEN KNORRIGEN BÄUMEN EINER ÜPPIGEN STREUOBST-WIESE HINDURCH GEHT

So verdankt das Eggenertal seinen zweiten Beinamen einer Posse aus der Badischen Revolution von 1848. Zur Verteidigung gegen die Revolutionäre konstruierte man kurzerhand eine Kanone. Als Lauf des Geschützes musste ein Brunnenholz herhalten, das mit eisernen Bändern zusammengehalten wurde. Es kam, wie es kommen musste: Ein Schuss, ein Knall, viel Geschrei und die Kanone flog entzwei. Als das Gehör wieder einigermaßen mitspielte, musste man hier einigen Spott ertragen. Das Eggenertal hatte seinen Ruf als »Kanonental« schnell weg. Dagegen geht »Kirschblütental« doppelt so gut runter wie Öl.

Einen Schuss gibt's hier glücklicherweise mittlerweile allenfalls in der Schwarzwälder Kirschtorte. Womit die Kirsche quasi einmal umrundet ist und man wieder am Anfang steht. Und auch auf das berühmte Bolzplatz-Bonmot »Gib mich die Kirsche!« gibt's im Eggenertal nur eine Antwort: »Wieviele sollen's denn sein?« Darauf einen Kirschlikör. Am besten natürlich auf der Terrasse des **Schloss Bürgeln.** Chin-chin!

Freie Auswahl: Wegweiser gibt es hier wahrlich genug.

Im Frühjahr leuchten die Streuobstweisen wie weiße Wolken.

Wie viele Grüntöne gibt's wohl hier im Markgräfler Land?

WANDERN & GENIESSEN

» START
Wanderparkplatz St. Johannisbreite, Kandern

Rechts am Waldrand entlang nach Sitzenkirch. Im Ort am Bach links und sofort rechts. Rechts dem Wegweiser zur Sausenburg nach. Rechts, links und wieder rechts abbiegen. Dem Burggrabenweg folgen. Links und auf dem Schlossweg bis zur Ruine.

KM 4,6

Ruine Sausenburg
Trutzburg über den Wipfeln

Rast in der Ruine: Im Schatten des Bergfrieds der Sausenburg

Der mächtige Bergfried der Sausenburg ist selbst als Ruine noch eine imposante Erscheinung: Knapp 19 Meter ragt er in den Himmel und hat dabei einen Durchmesser von fast acht Metern. Die massiven Mauern des Mittelalter-Kolosses sind bis zu 2,70 Meter dick. Einstmals von ritterlichen Recken und kernigen Knechten bewohnt, flitzen mittlerweile nur noch Eidechsen durchs heute überwucherte Gemäuer. Über eine schmale Wendeltreppe geht's auf die Aussichtsplattform des Turms. Oben bietet sich eine grandiose Rundumsicht mit dem Rheintal auf der einen und dem Schwarzwald-Panorama auf der anderen Seite. Zum Greifen nah wirkt der funkturmgekrönte Gipfel des Blauen. Im windgeschützten Burghof lässt es sich ausgezeichnet picknicken.

Am Fuß der Treppe links. Unterhalb des Parkplatzes Lindenbückle links und der Landstraße folgen. Scharf links auf den Interregio-Wanderweg. Später über die Straße und dem Schild nach Schloss Bürgeln folgen.

Zur Erntezeit biegen sich hier die Obstbäume unter der Last der Früchte.

KM 8,3

2

Schloss Bürgeln
Barockes Schmuckstück

So rustikal und wehrhaft die Ruine der Sausenburg daherkommt, so filigran und federleicht präsentiert sich Schloss Bürgeln. 1764 im Stile des Rokokos fertiggestellt, erhebt sich die Anlage über die umliegenden Hügel. Während das Schlossgelände mit dem kleinen Barockgarten frei zugänglich ist, kommt man ins Hauptgebäude nur im Rahmen einer Führung (www.schloss buergeln.de). Allerdings ist allein schon der Blick übers Markgräflerland den Besuch wert. Auf der Terrasse des Schlossrestaurants lässt es sich zudem bei königlicher Aussicht fürstlich speisen (Mi–So 11–21 Uhr).

Vom Schloss ein Stück den Weg zurück. Rechts den Pfad bergab und scharf rechts. Vor der Straße scharf links abbiegen. Rechts halten. Links und sofort wieder rechts dem Alten Bürglerweg nach Obereggenen folgen.

Hinauf zu Schloss Bürgeln schreitet man selbstverständlich stilecht über die repräsentative Freitreppe.

KM 10,5

3

Eggenertal
In der Genusslandschaft

Vom erhöht liegenden Waldrand oberhalb von Obereggenen erschließt sich die ganze Schönheit des Eggenertals. Der Blick schweift über die Streuobstwiesen von Ober- und Niedereggenen. In der Ferne blitzen sogar die Vogesen und das Rheintal auf. Zur Erntezeit ächzen die Obstbäume unter der Last der Früchte. Insbesondere die Apfelbäume haben schwer zu schleppen. Wer genau hinsieht, entdeckt immer wieder lange Holzstangen, die griffbereit in den Obstwiesen lagern. Sie dienen als Stützen für die gut behängten Zweige.

Dem Asphaltweg in Richtung Obereggenen folgen. Links halten und dann links ab. Orientierung bieten die Schilder mit dem Kirschen-Logo.

Über Mäharbeiten wird hier nicht gemeckert.

KM 12,3

5

Streuobstwiesen
Sommerserenade mit Grille

Die Route folgt zwischendurch immer wieder dem Obstlehrpfad durchs Eggenertal. Mittendrin in dieser faszinierenden Kulturlandschaft ist man, kurz nachdem man das große Insektenhotel des Themenweges passiert hat. Auf dem saftigen Wiesenpfad geht es auf Tuchfühlung zu den Bäumen durch den Obstgarten des Schwarzwaldes. Hier sollte man sich unbedingt die Zeit nehmen, zu beobachten, was in und über der Obstwiese so kreucht und fleucht. Begleitet von Grillen, tanzen prächtige Schwalbenschwänze und leuchtende Bläulinge durch die Luft. Seltenere Gäste sind Steinkauz und Wiedehopf.

Jetzt folgt ein wenig Zick-Zack: Es geht links, dann rechts und wieder links. Die zweite rechts. Dann die zweite links und sofort nochmals links.

KM 11,3

4

Picknickplatz Obstwiese
Einfach mal genießen

Das ganze Obst macht Appetit auf mehr. Höchste Zeit für eine Rast im Schatten. Insbesondere an heißen Sommertagen meint es die Sonne ausgesprochen gut mit den Streuobstwiesen. Für die Obstbauern und -bäuerinnen ein Standortvorteil, für Wandernde in erster Linie schweißtreibend. Also: Ab in den Schatten und mal kurz die Beine hochlegen. An der Wegkreuzung bei einem schmucken Holzlager mit adretter Rasenfläche taucht wie gerufen eine Bank unter den Obstbäumen auf. Wer bestens vorbereitet ist, packt jetzt einen Kirsch- oder Apfelkuchen aus. Ein paar Äpfel tun's aber ebenfalls. Genießen lässt sich die bienendurchsummte Stille so oder so.

Weiter auf dem Wiesenweg, dann die zweite Möglichkeit rechts über die Straße und wieder die zweite rechts. Nach der kleinen Brücke geht's erneut rechts. Die Kirschen weisen den Weg.

Im Schatten alter Bäume führt der Weg direkt durch die Streuobstwiesen.

Auf ein Päuschen genau zwischen Ober- eggenen und Niedereggenen.

EXTRA INFOS:

Für eine Erfrischung kann man einen kleinen Schlenker durch Obereggenen zum ● **Biergarten des Landhotels Graf** machen. (www.landhotel-graf.de).

In Sitzenkirch öffnet das ● **Gasthaus zum Engel** Fr um 17, Sa und So um 11 Uhr seine Pforten.

KM 13,4

Grenzbänkli

6 Da gugsch rüber

KM 15,2 » ZIEL

Wanderparkplatz
St. Johannisbreite, Kandern

Wirklich weit liegen Niedereggenen und Obereggenen nicht auseinander. Trennte die beiden Ortschaften schon bei ihrer ersten urkundlichen Erwähnung 773 allenfalls ein kurzer Spaziergang, gehen sie nun quasi ineinander über. Zudem gehören beide Eggenens heute jeweils als Teilort zur Gemeinde Schliengen. Natürlich foppt man sich trotzdem gegenseitig mit Hingabe. So stößt man etwas oberhalb der Dörfer auf ein Stück ebenso augenzwinkernder wie hemdsärmeliger Zimmermannskunst: das Grenzbänkli. Die beiden rustikalen Holzbänke stehen genau zwischen Ober- und Niedereggenen.

Von hier geht es auf dem Panoramaweg Stelli-St. Johannisbreite abwechselnd durch den Wald und über einen Wiesenpfad zurück zum Wanderparkplatz.

Nicht auf Wolke Sieben, sondern in Sitzenkirchen: Gasthaus zum Engel.

Bammerthüsli

Hohlebach

Eckstraße

Engestraße

Bürgler Straße

Im Pfaffenholz

Hinterm Hof

Obereggenen

Mattenmühle

Hohlebachstraße

Sägewerk Rother

Hohlebach

Landhotel Graf

Picknickplatz Obstwiese

(4)

Eggenertal **(3)**

Streuobstwiesen **(5)**

DURCH ÜPPIGE STREUOBSTWIESEN

Hohlebach

Siedlerhof

(6) Grenzbänkli

HIER SCHAUT MAN AUF BLAUEN UND SCHLOSS BÜRGELN

▲ Rüttenen
543

Drachenholen

St. Johannisbreite

Wanderparkplatz St. Johannisbreite, Kandern **START & ZIEL**

Steineck

Bodenmatt

Händlingen

Feuerbach

Feuerbach

Bürgler Straße

Stutz

Frauengrund

Bühlrain

Kabesgarten

Feuerbacherholz

N

0   0,5   1 KM

AUF EINEN BLICK

>> **Start/Ziel:** Wanderparkplatz St. Johannisbreite, Kandern
>> **Strecke:** 15,2 km (Rundtour)
>> **Reine Wanderzeit:** 5 Std.
>> **Höhenmeter:** ↗612 m ↘612 m
>> **Wegbeschaffenheit:** Durchweg gut ausgebaute Schotter- und Waldwege. Zwischendurch Asphalt-Abschnitte.
>> **Beste Zeit:** Im Frühjahr zur Obstblüte oder zur Erntezeit im Spätsommer.
>> **Ausrüstung:** Proviant, am besten mit selbst gebackenem Obstkuchen. Sonnenschutz und ausreichend zu Trinken.

IM LICHTEN WALD BLITZT SONNE DURCHS LAUB

P Sandboden

Klosterhalde

Langeck ▲ 639

2 Schloss Bürgeln

Schnegelbach

Käsacker

Bannholz

▲ 635

IM KÜHLEN SCHATTEN HINAB INS TAL

Wanne

Lippisbach

Mühlenstraße

680 ▲

Vogelbach

Rüttenen

Vogelbach

Evangelische Kirche Sitzenkirch

Sausenberg 665 ▲ **1** Ruine Sausenburg

▲ 692

Gasthaus zum Engel

Sitzenkirch

Lange Ebene

Fuchsrain

STEIL AUFWÄRTS ZUR BURGRUINE

Ländrich

Krützele

Mittlere Gritzen

▲ 600

Gürgele

DIE WANDERPAUSEN

≫ START
Parkplatz Kreuzweg
auf dem Sirnitzpass

KM 1,2
1 Aussichtsbank
Verführung auf Alemannisch

KM 3
2 Badebucht
Nonnenmattweiher
Keine Angst vor der Dunkelheit!

KM 3,5
3 Gaststätte Fischerhütte
Ziegenschinken und Forellenfilet

KULINARISCHER TRIATHLON

Vom Nonnenmattweiher zur Kälbelescheuer

Mit dem Naturschutzgebiet Nonnenmattweiher durchquert diese Tour ein besonders reizvolles Stück Südschwarzwald – ein Bad im Bergsee inklusive. Anschließend wird's heftig kulinarisch: Der Weg nimmt gleich drei Einkehrmöglichkeiten ins Visier. Und behält den Belchen stets im Blick.

KM 5,3

4 Berggasthof Haldenhof

O du süßer Nachmittag!

KM 6,2

5 Aussichtspunkt Belchenblick

Der Belchen zum Sattsehen

KM 8,1

6 Almgaststätte Kälbelescheuer

Das große Rheintalkino

KM 9,8 ›› ZIEL

Parkplatz Kreuzweg auf dem Sirnitzpass

SCHWARZWALD FÜR ALLE SINNE

 Dass die Region auch für ihre kulinarischen Schätze bekannt ist, muss an dieser Stelle nicht extra betont werden. Ihnen aber nachzuwandern – gewissermaßen immer dem Gaumen nach – hat seinen eigenen Reiz. So ein kulinarischer Triathlon sollte aber zugleich eine tüchtige Wanderstrecke enthalten, die Tour von Einkehr zu Einkehr verlangt nach sportlichen Zwischengerichten. Wo sollen die aufgeladenen Kalorien denn sonst hin!

Wenn also hier oben zwischen Münster- und Wiesental nicht gerade Forelle, Apfelkuchen oder Wurstsalat serviert werden, führt der Weg durch dichte Wälder und über lichte Weiden, streift Felshänge und Aussichtspunkte. Man darf die Naturschönheiten gern als Teil dieser Genusstour für alle Sinne betrachten. Allgegenwärtiger Begleiter ist unterwegs der **Belchen** – mal zur Linken, mal zur Rechten, wie ein Stern, der treu den Weg weist. Wo immer sich auf der Tour ein Rastplatz anbietet, ragt er verlässlich in der Ferne auf.

AM ENDE WARTET AUF DEM BERG EINE LIEGE – WIE EINE EINLADUNG, AUF DAS WANDERWERK ZURÜCKZUBLICKEN

Als Wanderaperitif wird das weit und breit sicherlich schönste Stück Natur gereicht: Vor dem ersten kulinarischen Halt durchquert die Tour das Naturschutzgebiet **Nonnenmattweiher.** Von dichtem Wald umringt, lockt der kleine Bergsee mit seiner dunklen Aura, fast schon schwarz ruht er auf fast tausend Metern. Wobei das mit der Ruhe an warmen Sommertagen so eine Sache ist, naturverbundene Kenner schätzen ihn als Badesee. Er ist ein Überbleibsel der letzten Eiszeit, als ein Gletscher die heutige Landschaft aus dem Felsen schliff und mächtige Moränen aufwarf.

Dass der See heute noch existiert, verdanken wir unseren Vorfahren im 18. Jh., die das zuvor ausgetrocknete Becken wieder mit Wasser füllten und aufstauten. Überraschenderweise blubberten dabei kleine Torfinseln auf und schufen einen ganz eigenen Lebensraum für Tiere und Pflanzen – ein naturgeschichtlich sehr seltenes Phänomen. Weswegen das schwimmende Moorgebiet strikt vom Badebereich des Weihers abgetrennt ist, um das fragile Biotop nicht zu gefährden.

WANDERN & GENIESSEN

Schon am Parkplatz wird klar: Der erste Happen ist nah!

≫ START
Parkplatz Kreuzweg auf dem Sirnitzpass

Der Beschilderung am oberen Ende des Parkplatzes Richtung Nonnenmattweiher nach – der Weg fällt leicht ab, links thront in der Ferne der Belchengipfel.

KM 1,2

1 Aussichtsbank
Verführung auf Alemannisch

Dieser Einladung kann man einfach nicht widerstehen: »Chumm hogg e weng ane und rueh di us«, steht auf der Rückenlehne dieser eindeutig alemannischen Aussichtsbank. Es wird Zeit für ein erstes Päuschen. Das Panorama: geradeaus der Haldenhof, ein späterer Stopp auf dieser Tour, dahinter das Rheintal. Im Bild rechts: der Belchen. Mit seiner unverkennbaren, weitgehend baumfreien Gipfelglatze auf 1414 Metern darf er sich vierthöchster Berg des gesamten Schwarzwaldes nennen – ein immer wieder majestätischer Anblick.

Weiter auf dem Weg, an dessen Rand die Glockenblumen in der Wiese blühen. Bald mündet er ins Naturschutzgebiet Nonnenmattweiher. Was bedeutet: Der kleine See ist nicht mehr weit.

Auf dem Panoramabänkle hat man den überüberübernächsten Stopp schon im Blick – den Haldenhof.

KM 3

② Badebucht Nonnenmattweiher
Keine Angst
vor der Dunkelheit!

Um an die Badebucht zu gelangen, muss der See fast komplett umrundet werden. Auf dem Weg dorthin zeigen sich die eigentümlichen, für dieses Gewässer so charakteristischen Torfinseln. Der Liegebereich für Badegäste besteht aus nicht mehr als einer ansteigenden Wiese, der Sprung ins Wasser kostet beim ersten Mal Überwindung: Es ist ein wirklich sehr dunkler See, sein Grund wirkt unendlich tief. Wer es aber wagt, wird mit einer kühlen Erfrischung in klarem Wasser belohnt. In der Seemitte bietet sich ein traumhafter Anblick der waldigen Bergwelt ringsum. Ein wirklich seltenes Vergnügen!

Den Weg am See entlang zurück, dann links abbiegen Richtung Fischerhütte.

KM 3,5

③ Gaststätte Fischerhütte
Ziegenschinken
und Forellenfilet

Die erste Einkehr des Tages bietet sich in unmittelbarer Weihernähe an. Die Hütte ist für ihr Vesper und ihre Fischspezialitäten bekannt. Unter anderem ... Genossen werden die hausgemachten Herzhaftigkeiten im Sommer ganz entspannt an den Tischen im Biergarten, der in eine große Wiese übergeht, auf der die Kinder toben (oder versonnen ihr Eis lutschen). Auch die Kuhweiden sind nicht weit, die Höhensonne lacht dazu. Draußen herrscht Selbstbedienung am Kioskfenster, drinnen in der Stube wird das Essen serviert. Erfrischte Badegäste mischen sich mit Wandernden und genussfreudigen Einheimischen, die der Hüttenküche schon seit Urzeiten die Treue halten (www.fischerhuette-nonnenmattweiher.de).

An der Weggabelung gleich hinter der Hütte links hoch an den Kuhweiden entlang. Abermals schiebt sich der Belchen ins Bild. An der nächsten Weggabelung im Wald rechts runter Richtung Haldenhof und Hinterheubronn.

Der Nonnenmattweiher bringt alles mit, was man sich unter einem idyllischen Bergsee so vorstellt.

Recht hat sie, die coole Kuh: Nur nicht aus der Ruhe bringen lassen.

KM 5,3

4 Berggasthof Haldenhof

O du süßer Nachmittag!

Wer rund zweieinhalb Kilometer nach der ersten Einkehr schon wieder Kapazitäten hat, freut sich hier über einen Badischen Rinderbraten, ein Cordon Bleu mit Pommes oder die Kalbsleber. Allerdings bietet sich der Zwischenstopp im Traditionsberggasthof (seit 1874!) auch für Kaffee und Kuchen auf der Terrasse unter großen Kastanien an. Der Blick geht zurück auf das bereits abmarschierte Wegstück, man darf schon ein wenig stolz sein. Zur süßen Nachmittagsstunde werden Apfel- und Käsekuchen oder ein üppiges Stück Schwarzwälder Kirschtorte gereicht. Am Nachbartisch bekommt der Gast sein Viertele Rotwein im nostalgischen Steinkrug serviert (www.haldenhofberggasthofschwarzwald.de).

Hinter dem Haldenhof an der Straße bergauf entlang, dann rechts den Pfad Richtung Kälbelescheuer und Münsterhalden einschlagen. Der Weg führt nun durch den Wald, bald flankiert von mächtigen Felswänden. Hier zeigt der Schwarzwald, dass er auch Gebirge kann.

HIER GIBT'S LECKEREN FISCH!

Um an die Spezialitäten der Fischerhütte zu kommen, ist Fensterln angesagt.

Links oben ragt er ins tiefe Himmels-blau – der Belchen mit seiner kahlen Kuppe. Rechts im Wald der Haldenhof.

KM 6,2

5

Aussichtspunkt Belchenblick

Der Belchen zum Sattsehen

In der Kälbelescheuer werden Weizen und Wurstsalat auf der Infinity-Tafel serviert.

Auf eine felsige Minilichtung wurde eine Holzpritsche montiert, die als Aussichtspunkt dient. Den fehlenden Sitzkomfort kompensiert der Weitblick. Leicht rechts zwinkert noch einmal das rote Dach des Haldenhofs zwischen den Tannenspitzen hindurch, den bergigen Horizont beherrscht abermals der Belchen, dessen unverkennbare Kuppe wieder und wieder alle Blicke auf sich zieht. Wenn ausnahmsweise mal kein Motorrad die etwas unterhalb verlaufende Kreisstraße hochröhrt, kann das hier auch ein sehr ruhiger Ort sein, an dem man die Vögel singen hört.

Das folgende Wegstück schlängelt sich idyllisch durch den Wald, kleine Bäche murmeln zu Tal. Am Wegesrand stehen Infotafeln zur Waldgesundheit.

KM 8,1

6 Almgaststätte Kälbelescheuer
Das große Rheintalkino

Passend zur gigantischen Aussicht auf der überdachten Terrasse empfiehlt sich ein Elsässer Wurstsalat – denn über das Rheintal hinweg bis nach Frankreich reicht der Blick. Eine echte Panorama-Einkehr, die noch mehr kann als Wurstsalat: Wie sich das für eine Almgaststätte gehört, stehen ein zünftiges Schinkenbrot, eine Portion Bergkäse, Käsespätzle, Schnitzel und große Salate auf der Karte. Dass an den Tischen im Freien manchmal nur schleppend Gespräche in Gang kommen, liegt daran, dass sich die Blicke der Gäste in weiter Ferne verlieren. Derart weit sieht man nicht alle Tage!

Das vorletzte Stück Weg geht nun steil bergauf, den Schildern Richtung Kreuzweg nach. Noch einmal liegen einem die Berge zu Füßen. Oben angekommen, lädt eine fest installierte Holzliege zur Verschnaufpause ein. Dem Wegweiser zum Kreuzweg folgend, ist der gleichnamige Parkplatz nun rasch erreicht.

EXTRA INFOS:

Vom Parkplatz Kreuzweg führt die Kreisstraße bergab in weniger als 20 Autominuten in den Kurort Badenweiler, in dem sich schon die alten Römer an den heißen Quellen labten. Heute empfängt die Badegäste die eindrucksvolle ● **Cassiopeia Therme** mit ihren verwöhnenden Thermalbädern (www.staatsbad-badenweiler.de) Nicht der schlechteste Ausklang eines schönen Wandertags!

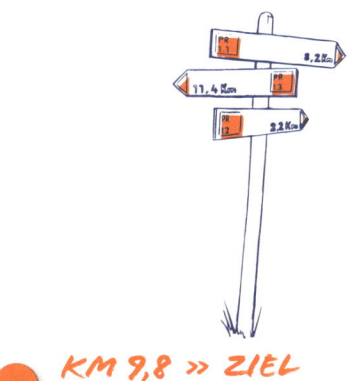

KM 9,8 » ZIEL
**Parkplatz Kreuzweg
auf dem Sirnitzpass**

Tor ins Vesperglück: die Kälbelescheuer. Im Hintergrund der Berghang, den es im Anschluss noch zu erklimmen gilt.

IM SCHATTIGEN WALD ÜBER STOCK UND STEIN

6 Almgaststätte Kälbelescheuer

Aussichtspunkt Belchenblick **5**

Weiherkopf
1143

▲ Sirnitz
1114

EIN BAD IM FELSENMEER

Kreuzweg

Parkplatz Kreuzweg auf dem Sirnitzpass **START & ZIEL**

P

Cassiopeia
Therme

N

0   0,5   1 KM

AUF EINEN BLICK

» **Start/Ziel:** Parkplatz Kreuzweg am Sirnitzpass
» **Strecke:** 9,8 km (Rundtour)
» **Reine Wanderzeit:** 2 Std. 30
» **Höhenmeter:** ↗311 m ↘313 m
» **Wegbeschaffenheit:** Waldpfade, Forstwege, Asphalt-straßen.
» **Beste Zeit:** Von Früh- bis Spätsommer, solange der Nonnenmattweiher eine echte Erfrischung ist.
» **Ausrüstung:** Badezeug.

Berggasthof Haldenhof

Nonnenmattweiherweg

Hinterheubronn

Mittelheubronn

Kreuzbächle

Kreuzbächle

IDYLLE PUR ZWISCHEN KUHWEIDEN

Aussichtsbank 1

WILLKOMMEN IM NATURSCHUTZGEBIET

Nonnenmattweiher

Weiherbach

Badebucht Nonnenmattweiher 2

3 Gaststätte Fischerhütte

DIE WANDERPAUSEN

>> START
Wanderparkplatz Radschert,
Todtnauberg

KM 0,5
1 Aussichtsbank Buch

Im Buche unter der Buche

KM 1,8
2 Landsitz Alpenblick

Designloge am Wegesrand

KM 3,5
3 Gedächtniskapelle

Erinnerungsplatz mit Weitblick

NATUR-PHILO-SOPHIE

10

Weitblicke und Denkerspuren im Hochtal von Todtnauberg

Der Martin-Heidegger-Weg führt auf stillen Höhen einmal um den Ort und bietet dabei traumhafte Aussichten in eine fast schon alpine Bergwelt und auf die Todtnauer Wasserfälle. Er kreist auch inforeich um Heideggers Hütte, in der Philosophiegeschichte geschrieben wurde.

KM 5,8

4 Todtnauer Wasserfälle
Der Sturz von oben

KM 6,5

5 Berger Bad
Planschen auf der Höhe

KM 6,7

6 Hotel Engel
Die beste Torte weit und breit

KM 8 » ZIEL
Wanderparkplatz Radschert, Todtnauberg

WIE EINST MARTIN HEIDEGGER

Todtnauberg auf seinen gut 1000 Höhenmetern hat etwas leicht Entrücktes: Es liegt in einem wannenartigen Hochtal wie am Ende der Welt. Kommt dahinter noch was? Egal. Denn der Weg über den »Wannenrand« – also den oberen Kranz des Hochtals – bietet so traumhafte Aussichten, **Designlogen** und Schattenplätze unter uralten Bäumen, dass man sich ohnehin schon im Wanderparadies wähnt.

Dazu mit hochgeistigen Beigaben, denn die Tour legt sich um die weltberühmte Hütte des noch weltberühmteren Philosophen Martin Heidegger (1889–1976). Weshalb der Wanderweg auch seinen Namen trägt. Die Hütte diente ihm als Denker- und Schreiberklause in windumtoster Einsamkeit. Der als Person umstrittene Philosoph – als Rektor der Freiburger Universität hatte er sich unverblümt den Nazis angedient – hat hier oben einen nicht unbedeutenden Teil seines Werkes verfasst, ist durch die von ihm hochgeschätzte Abgewandtheit der Natur gestiegen und hat den Studierenden (unter anderem) das Skifahren beigebracht. Derlei lernt man anhand der Infotafeln, die entlang des Weges stehen. Weil sie sich noch immer in Familienbesitz befindet, lässt sich die Hütte selbst aber nur aus der Ferne betrachten.

HOCH OBEN AM TALSCHLUSS FINDET DER BLICK ERST AM FERNEN ALPENKAMM HALT

Und man spürt, sieht und riecht bereits nach wenigen Wandermetern hinter dem Parkplatz Radschert, was der Denker hier oben gefunden hat: ein würziges Stück Natur mit alpinen Anleihen, dichte Waldstücke, üppige Matten und Wiesen, über die das Auge genussvoll streicht. Und viel, viel Weite. Selten ist hier oben was los, sodass man das Hochtal meistens für sich hat. Erhabenheit greift nach dem Wandernden. Was auch daran liegt, dass die Strecke selten auf Gefälle macht. Im harmlosen Pulsbereich spaziert man auf gemütlichen Waldwegen, mal unter Bäumen und mal im gleißenden Angesicht der Höhensonne – zum Beispiel beim Gang über die Todtnauberger Skipisten.

Sportlich wird's dann erst nach der Talquerung, sobald der Weg hinter den **Todtnauer Wasserfällen** und dem **Berger Bad** knackig bergauf geht. Aber alles halb so wild: Zur Stärkung wartet ein feines Stück Schwarzwälder Kirschtorte im **Hotel Engel.**

Die leuchtend-roten Beeren der Eberesche findet man entlang des Weges reichlich.

Einfach mal innehalten und schauen: Das Hochtal mit dem Ortsteil Rütte an einem Nachmittag im Herbst.

KAPELLE

WASSERFALL

Dorf

Der Waldweg Richtung Wasserfall, ist in jedem Fall richtig.

WANDERN & GENIESSEN

» START
**Wanderparkplatz Radschert,
Todtnauberg**

*Dem ausgeschilderten Martin-Heidegger-Weg entlang der
Kuhweiden leicht bergauf folgen.*

KM 0,5

1

Aussichtsbank Buch
Im Buche unter der Buche

Das idyllisch unter einer riesigen, uralten Buche
gelegene Bänkle ist einem aufgeschlagenen
Buch nachgeschreinert worden und bietet einen ersten Blick über's Hochtal. Also zurücklehn-
nen und das Panorama auskosten! Dass erst ein
paar Meter gelaufen sind? Sei's drum! Am Wegesrand gegenüber geht's gleich geistesge-
schichtlich zur Sache: Eine Tafel informiert über
die wichtigsten Stationen im Leben Martin Heideggers. Damit alle auch gleich wissen, auf wes-
sen Spuren sie hier wandeln.

*Rechts vom bisherigen Weg abzweigen und dem Forstweg
in den Wald folgen. Rechter Hand verbirgt sich bald Heideggers Hütte zwischen den Bäumen (darf aber nicht be-
treten werden).*

*Wenn das mal kein stattlicher Baum
ist, der dem Bänkle Schatten spendet!*

*Ein überdimensionierter Stuhl dient
unterwegs als Aussichtskanzel.*

Lassen die Wandernden ganz schön hängen: Die überdachten Alpenblick-Panoramasitze sind alles andere als standfest.

KM 3,5

3 Gedächtniskapelle
Erinnerungsplatz mit Weitblick

Das kleine, exponiert am Hang liegende Gotteshaus wurde 1948 errichtet und erinnert an die Toten, die der Ort in den beiden Weltkriegen des letzten Jahrhunderts zu beklagen hatte. Im Inneren bemächtigt sich Wandernden sogleich der besondere Geist dieser stillen Einkehr, in der stets einige Opferkerzen flackern. Vor der Kapellentür blickt man wie von einer Terrasse hinab auf Ort und Tal, ein paar Bänke laden zur Rast im Freien ein.

Hinter der Kapelle zurück auf den Weg und ab der nächsten Wegkreuzung der Beschilderung zum Wasserfall folgen. Es geht auf schmalen, verschlungenen Wegen hinab ins Tal.

KM 1,8

2 Landsitz Alpenblick
Designloge am Wegesrand

Plötzlich baumeln links drei kleine Häusle zwischen den Bäumen. Der Landsitz Alpenblick hat bei gutem Wetter tatsächlich das ferne Hochgebirge im Angebot. Die überdachten und drehbaren Häusle sind als Sitzgelegenheiten gedacht und lassen sich mit etwas Klettergeschick auch als solche nutzen: wahlweise für's Bergpanorama oder den Blick in den rückwärtigen Wald, den Perspektivwechsel ermöglicht ein kleiner Schubser. Bei der Gestaltung der ungewöhnlichen Hängestühle aus heimischem Weißtannenholz hat das Vitra Museum in Weil mitgeholfen, daher der Designverweis.

Weiter bis zur Wegzweigung »Enge«. Dort rechtsrum, nicht links hoch oder rechts runter. Anschließend verläuft der Weg quer über die Skipisten, auf der gegenüberliegenden Talseite ist jetzt Heideggers Hütte zu sehen.

Mitten im Wald taucht plötzlich die Gedächtniskapelle auf.

Ab ins tiefe Blau: Im Berger Bad gibt's eine wilkommene Abkühlung.

KM 6,5

5 Berger Bad
Planschen auf der Höhe

Zugegeben: In einem Höhenort wie Todtnauberg ist die Freibadsaison eher kurz. Hier reicht sie von Juni bis August. Doch gerade jetzt, gegen Ende unserer Rundtour, kommt die Erfrischung gerade recht. Das bald 90 Jahre alte Bad ist ein Kleinod! Zwischen den engen Berghängen wartet es mit einem großen Schwimmbecken auf, hat eine Volleyball- und eine Liegewiese, einen Spielplatz und ein Planschbecken samt Rutsche. Ein Eis gibt's am Badkiosk, wo man seinen Kaffee auf der Sonnenterrasse schlürft. Was braucht's mehr (www.schwimm bad-todtnauberg.de)!

Kurz und knackig windet sich der Wanderweg jetzt den Hang hinauf in die Ortsmitte von Todtnauberg.

KM 5,8

4 Todtnauer Wasserfälle
Der Sturz von oben

Erst schlängelt sich das Stübenbächle noch gemütlich unter den Bäumen hindurch, als könne es kein Wässerchen trüben, nur um sich einige Meter weiter unten in reißenden Fällen selbst zu entfesseln. Willkommen am höchsten Wasserfall des gesamten Schwarzwaldes! Beziehungsweise an seinem oberen Ende, wo sich das wild brausende Wasser von zahlreichen Brücken bestaunen und fotografieren lässt. Insgesamt stürzt der Bach hier über mehrere Stufen 94 Meter hinab. Die Tour bestaunt nur den oberen Teil, ehe sie Richtung Rundweg zurückkehrt.

Entlang des Stübenbächles steigt der Weg hoch zum Berger Bad an.

Die Todtnauer Wasserfälle zählen zu den eindrucksvollsten Naturwundern im gesamten Schwarzwald.

Die Schwarzwälder Kirschtorte im Hotel Engel zählt in der gesamten Region – und damit in der ganzen Welt – zu den besten ihrer Art.

EXTRA INFOS:

Wenn's etwas mehr Todtnauer Wasserfälle sein dürfen, lässt sich der Wanderweg über Stiegen, Pfade und Brücken bis zum ● **Abzweig Aftersteg** erweitern – ein spektakuläres Naturschauspiel, das es mit dieser Fallhöhe (des Wassers!) im ganzen Schwarzwald nur hier gibt. Unten angekommen, kraxelt man entweder wieder rauf oder nimmt den Bus 7215, der von Aftersteg/Wasserfall zurückfährt nach Todtnauberg.

Das neueste Schwarzwald-Highlight ist die 2023 eröffnete ● **Black Forest Line,** eine 450 Meter lange Hängeseilbrücke, die sich quer über die Todtnauer Wasserfälle spannt. Ein echtes Abenteuer für Menschen, die mit 120 Metern Leere unter sich erstmal kein Problem haben (12 €/Pers., www.blackforestline.de).

KM 6,7

6

Hotel Engel
Die beste Torte weit und breit

Der Engel pflegt ein familienfreundliches Konzept und fühlt sich kulinarisch besonders dem süßen Erbe der Region verpflichtet: Hausherr und Gastgeber Alfred Boch gilt als Großmeister der Schwarzwälder Kirschtorte. Also unbedingt ein Stück probieren! Dafür empfiehlt sich ein Platz auf den Sofas im gemütlichen Wintergarten. Dort genießt man auch einen schönen Blick auf die Berghänge gegenüber – das bisher absolvierte Wegstück inklusive. Die Torte ist also wohlverdient! Und ein paar Kalorien werden sogar noch gebraucht – auf der letzten Etappe der Wanderung geht's bergauf (www.engel-todtnauberg.de).

Zurück zum Wanderparkplatz führt der Weg erst durch den alten Dorfkern mit seinen hübschen Höfen, dann entlang der Straße hinauf.

KM 8 » ZIEL

Wanderparkplatz Radschert
Todtnauberg

Gastfreundschaft mit Herz: Willkommen im besonders familienfreundlichen Hotel Engel.

Heubühl 1172

Holzschlagbach

Jungviehweide-Holzschlag

Aussichtsbank Buch **1**

Wanderparkplatz Radschert, Todtnauberg **START & ZIEL**

FINALE MIT AUSSICHT

Radschert

Radschertstraße

Büreten

Radwuhr

Horn 1231

Hornmatt

Fichtenweg

Hornshittli

Hintermattweg

Sprungbrett

Stübenbach

Schindelbächle

Herrihof

Hotel Arnika

Todtnauberg

Hornweg

Restaurant Waldblick

Hotel Engel **6**

STEIL IST DER WEG, DER ZUR TORTE FÜHRT

5 Berger Bad

Schönenbach

Hangloch

Kurhausstraße

Todtnauer Wasserfälle **4**

Black Forest Line

Todtnauer Wasserfall

Abzweig Aftersteg

N

0   0,5   1 KM

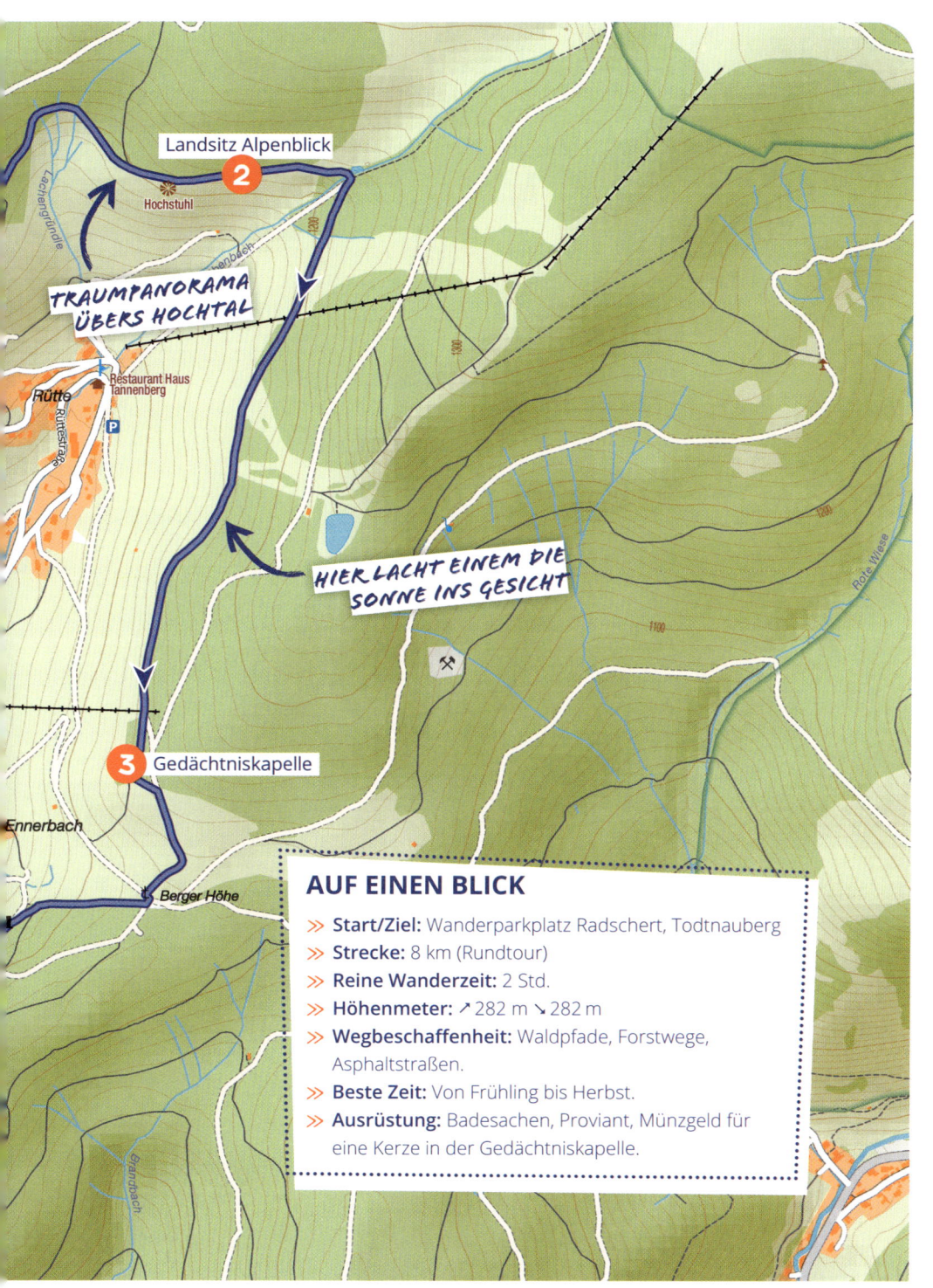

Landsitz Alpenblick

2

Hochstuhl

TRAUMPANORAMA
ÜBERS HOCHTAL

Restaurant Haus
Tannenberg

Rütte

P

HIER LACHT EINEM DIE
SONNE INS GESICHT

Rote Wiese

3 Gedächtniskapelle

Ennerbach

Berger Höhe

AUF EINEN BLICK

» **Start/Ziel:** Wanderparkplatz Radschert, Todtnauberg
» **Strecke:** 8 km (Rundtour)
» **Reine Wanderzeit:** 2 Std.
» **Höhenmeter:** ↗ 282 m ↘ 282 m
» **Wegbeschaffenheit:** Waldpfade, Forstwege,
   Asphaltstraßen.
» **Beste Zeit:** Von Frühling bis Herbst.
» **Ausrüstung:** Badesachen, Proviant, Münzgeld für
   eine Kerze in der Gedächtniskapelle.

DIE WANDERPAUSEN

>> START
Parkhaus Feldberg

KM 0,1

Haus der Natur

Beim Feldberg-Ranger

KM 1,8
Wiesentalblick

Stehen bleiben und staunen

KM 3,6
Feldberggipfel

Ganz oben angekommen

GANZ **11** NACH OBEN

Über den Feldberggipfel zum Feldsee

Höher geht's nicht hinauf: Mit seinen 1493 Metern ist der Feldberg das Dach des Schwarzwaldes. Oft wimmelt es auf dem Gipfel wie auf einem Ameisenhaufen. Das macht die ruhigen Ecken, Täler und idyllischen Seen am und um den Berg allerdings zu noch lohnenswerteren Zielen.

KM 5,7

4 Zastler Hütte
Willkommene Einkehr

KM 7,5

5 Wasserfall im Sägenbachdobel
Vom Rinnsal zum Bergbach

KM 10,4

6 Feldsee
Wo die Eiszeit noch lebendig ist

KM 12,2 » ZIEL
Parkhaus Feldberg

AN SUPERLATIVEN MANGELT ES DEM FELDBERG NICHT

 Der massive Kawentsmann ist Deutschlands höchster Berg außerhalb der Alpen. Keine Gemeinde im Land liegt zudem höher als Feldberg-Ort. Auch steht hier die höchstgelegene Kirche. Bei der Einfahrt ins moderne Parkhaus direkt am höchsten Kreisverkehr der Republik wird zudem schnell klar: Hier ist man auch an einem der meistbesuchten Orte im Land. Doch trotz Gipfelzirkus mit Biergarten und überlaufenen Andenkenläden voller Nippes ist der Feldberg eine Wucht.

Denn er ist mehr als ein Berg. Nicht unbedingt in einem mythisch überhöhten Sinne, wobei das an manch einem Herbstmorgen, wenn der Gipfel geradezu in einem Nebelmeer zu schweben scheint, auch vorkommt. Nein. Wer vom **Feldberg** spricht, meint eigentlich das aus mehreren Gipfeln bestehende Feldbergmassiv. Neben dem eigentlichen Gipfel recken sich noch der Seebuck und der Baldenweger Buck in den Himmel. Hinter dem Dreigestirn werden die Wanderbegegnungen dann deutlich sporadischer, wenn's am Berg auch nie wirklich einsam zugeht.

DAS 360-GRAD- SCHWARZWALD-PANORAMA VOM GIPFEL ENTSCHÄDIGT FÜR JEDE STEIGUNG

Auf dem Panoramawanderweg Feldberg-Steig hinab ins Zastlertal mit der **Zastler Hütte** machen Flora und Fauna fast schon auf alpin. Wer genau hinsieht, entdeckt mit der Zwerg-Glockenblume und dem fleischfressenden Sonnentau Pflanzen, die sonst eher in den Alpen gedeihen. Den scheuen Auerhahn hingegen wird man kaum zu Gesicht bekommen. Allenfalls während der Balz zwischen März und Juni sind die Männchen weniger schüchtern unterwegs. Der Grund für diese alpenähnliche Artenvielfalt ist das Klima. Selbst an heißen Sommertagen wird's am Feldberg bisweilen frisch. Weit bis ins Jahr hinein hält sich in einigen Hohlräumen im Fels das Eis.

Mitunter geht es steil hinauf und hinab. Oder umgekehrt. Etwa hinab zum wunderschönen **Feldsee** und von dort wieder steil hinauf. Wen wundert's, ist und bleibt der Schwarzwald doch Deutschlands höchstes Mittelgebirge. Ein weiterer Superlativ! So viele Höchstleistungen wecken den Appetit. Wie gut, dass es zum nächsten Berggasthof nie wirklich weit ist.

Auf einen Wurstsalat oder ein Stück Kuchen im Biergarten der Zastler Hütte.

Auf dem Feldbersteig gluckst immer wieder ein sprudelndes Bächlein vorbei.

Auch wenn's zwischendurch mal giftig steil wird: Der Ausblick entschädigt stets aufs Neue.

WANDERN & GENIESSEN

» START
Parkhaus Feldberg

Vom Parkhaus einfach nur die Straße queren.

AUF ZUR ENTDECKERTOUR

Hier gibt's Naturschutz zum Anfassen, eine ordentliche Portion Humor inklusive.

KM 0,1

① Haus der Natur
Beim Feldberg-Ranger

Das Haus der Natur gegenüber dem wuseligen Hotel-Biergarten-Andenkenladen-Komplex Feldberger Hof ist nicht zu verfehlen. Hier haben der Feldberg-Ranger und sein Naturschützer-Team ihr Hauptquartier. Regelmäßig werden Führungen und Touren durch das Naturschutzgebiet am Feldberg angeboten. Wenn im Winter der Schnee zu hoch liegt, geht's auf Schneeschuhen in die Natur. Die interaktive Dauerausstellung nimmt sich des Themas Naturschutz mit augenzwinkerndem Humor an. Ein Riesenspaß. Highlights sind eine virtuelle Ballonfahrt und der »Talking Ranger« (www.haus-der-natur-feldberg.de).

Auf dem Franz-Klarmeyer-Weg den Schildern zum Feldberg-Steig folgen.

Auch wenn man mal aus der Puste kommt, für so einen Löwenzahn ist auf jeden Fall noch Luft.

Im etwas abseits liegenden Zastler Tal geht's deutlich entspannter zu als auf dem bisweilen wuseligen Gipfel.

KM 3,6

③ Feldberggipfel
Ganz oben angekommen

Fantastisch! Der höchste Punkt der Rundtour ist gleichzeitig der höchste Punkt Baden-Württembergs. Dementsprechend imposant ist auch der Rundumblick: Bei guter Sicht sind im Süden die Alpen mit der Zugspitze zu erkennen. Im Norden ragt die Hornisgrinde steil empor. Die Allgäuer Alpen kratzen am Horizont im Osten und die Westalpen schrauben sich genau dort nach oben, wo man sie erwartet – im Westen. Zuordnen lassen sich nahe und ferne Gipfel auch bei schlechter Sicht über eine Orientierungstafel. Die Scheibe ist in einen massiven Granitblock im Zentrum des Gipfelplateaus unweit der Wetterstation mit dem Friedrich-Luise-Turm eingelassen.

Links dem Feldberg-Steig in Richtung Zastler Hütte folgen.

KM 1,8

② Wiesentalblick
Stehen bleiben und staunen

Zu Beginn des Anstiegs kreisen immer wieder Turmfalken über dem Wanderweg. Die eleganten Raubvögel haben mit den hohen Masten der Liftanlagen ein ideales Revier gefunden. Nachdem die ersten steilen Passagen auf dem Weg hinauf zum Feldberggipfel geschafft sind, bietet sich ein grandioser Blick auf das Wiesental. Da stockt Wandernden beim Durchpusten doch glatt der Atem! Pittoresk schlängelt sich weit unten das silberne Band der Wiese durch eine Modellbahnlandschaft. Am Horizont dahinter die gezackte Linie der Schwarzwaldgipfel mit Belchen und Herzogenhorn. Hier ließe es sich aushalten, doch die Rundtour verspricht noch spektakulärere Aussichten!

Weiter den Wegweisern zum Gipfel nach.

Richtungsweisend: Die Tafel auf dem Feldbergipfel bietet Orientierung.

Der Sägebachdobel ist spektakulär schön. Aber festes Schuhwerk braucht's schon!

KM 7,5

5 Wasserfall im Sägenbachdobel
Vom Rinnsal zum Bergbach

Kurz nach der Baldenweger Hütte führt die Route auf einem schmalen Weidenpfad in den wunderschönen Sägenbachdobel. Anfangs ist das Flüsschen nicht mehr als ein verschüchtertes Rinnsal, mausert sich aber recht bald zu einem munteren kleinen Bergbach mit deutlich mehr Schmackes. In mehreren Kaskaden wälzt sich der Sägenbach bergab durch den dichten Wald. Besonders schön präsentiert er sich an einem kleinen Wasserfall. Einfach mal stehen bleiben. Tief einatmen. Genießen.

Der Pfad am Bach entlang mündet in einen Schotterweg. Es geht rechts Richtung Feldsee.

KM 5,7

4 Zastler Hütte
Willkommene Einkehr

Nach dem spektakulären Ausblick vom Gipfel geht es auf dem Feldberg-Steig hinab ins Zastlertal. Schon bald erspäht man vom Weg aus den nächsten Stopp: die ebenso malerisch wie einsam gelegene Zastler Hütte. Zu erreichen ist der Berggasthof mitten im Naturschutzgebiet nämlich ausschließlich zu Fuß. Der Pfad windet sich allerdings noch einige Zeit am Berg entlang herab, bis man seine Bestellung aufgeben kann. Nach etwa der Hälfte der Wanderung darf es dann gerne eine zünftige Brotzeit sein, denn der Weg wird gegen Ende nochmal knackig. Auf dem sonnenverwöhnten Hof dehnt man die Pause gerne um ein Erfrischungsgetränk oder einen Kaffee aus (Fr–Mi 10–17 Uhr).

Dem Wegweiser in Richtung Baldenweger Hütte und Feldsee folgen.

Halbzeitpause mit Bollenhut: An der Zastler Hütte wird nochmal Kraft getankt für den Rest der Tour.

Kreisrund, kristallklar und krass schön: Beim Anblick des Feldsees bleibt nur sprachloses Staunen.

EXTRA INFOS:

Eine weitere Einkehrmöglichkeit liegt am Weg: der ● **Raimartihof.** Das typische Schwarzwaldgebäude unweit des Feldsees ist der größte Wandergasthof am Feldberg. Neben der großen Terrasse verfügt er auch über urige Gaststuben. Größere Gruppen sollten für die Stuben reservieren (www.raimartihof.de).

Gegenüber des Parkhauses Feldberg beginnt der ● **Wichtelpfad.** Junge Abenteurer können sich hier mit dem Post-Wichtel Ferdinand auf die Suche nach Auerhahn Anton begeben.

KM 10,4

6 Feldsee
Wo die Eiszeit noch lebendig ist

KM 12,2 » ZIEL
Parkhaus Feldberg

Der traumhaft schöne Feldsee ist das heimliche Highlight der Tour. Nahezu kreisrund, wirkt der See wie künstlich angelegt. Aber Pustekuchen: Das knapp 30 Meter tiefe Becken schürften Gletscher in der letzten Eiszeit aus. Die Zeit ist hier irgendwie stehen geblieben, denn im kristallklaren Wasser des Karsees schwimmt mit dem Seesaibling heute noch ein Eiszeitrelikt herum. Dass im See das Baden strengstens verboten ist, liegt allerdings an einem anderen Fossil: In etwa ein bis zwei Metern Tiefe wächst das extrem seltene Stachelsporige Brachsenkraut. Der Unterwasser-Farn gedeiht in Mitteleuropa neben dem Feldsee nur noch im Titisee. Wer möchte, kann den See auf einem Weg am Ufer komplett umrunden.

Dem jetzt nochmal sehr steilen Feldberg-Steig in Richtung Haus der Natur nach.

Blick von der Zastler Hütte hinauf zum Feldbergipfel.

DER MALERISCHE PFAD WINDET SICH INS TAL

Zastler Hütte

Freiburger Hütte

4

Zastler Loch

Zastlerbach

3 Feldberggipfel

ilhelmer Hütte

Feldberg

SCHNURSTRACKS AUF DEN GIPFEL

Gustbach

AUF EINEN BLICK

» **Start/Ziel:** Parkhaus Feldberg

» **Strecke:** 12,2 km (Rundtour)

» **Reine Wanderzeit:** 4 Std.

» **Höhenmeter:** ↗480 m ↘480 m

» **Wegbeschaffenheit:** Teilweise gut ausgebaute Schotterwege und Asphalt. Teils steile Passagen über steinige Pfade mit Querwurzeln. Anfangs Abschnitte mit viel Sonne, dann größtenteils im Schatten.

» **Beste Zeit:** Von September bis Oktober, wenn sich das Laub langsam golden färbt.

» **Ausrüstung:** Unbedingt festes Schuhwerk. Proviant für unterwegs. Achtung Höhensonne! Also Sonnencreme einpacken.

Berggasthof & Pension zur Todtnauer Hütte

tenbach

Todtnauer-Hü

Mistbach

oberer Gustbach Wasserfall

unterer Gustbach Wasserfall

Herzbach Wasserfall

Paßstraße

Fahler Wasserfall

Wiese

N

Ø   Ø,5   1 KM

Naturfreundehaus
Feldberg

Baldenweger
Hütte

Baldenweger Hütte

5 Wasserfall im Sägenbachdobel

Sägenbach-Wasserfall

ANGENEHM FLACHER
SPAZIERWEG

Sägbach

Goldersbach

▲ Baldenweger Buck
1460

Goldersbach

Raimartihof

Feldsee **6**

Feldsee

Feldsee-Wasserfall

Seebach

Raimartihofweg

Grueble

HIER WIRD'S
KNACKIG STEIL

Herbach

Seebuck
1449

2er-Sesselbahn-Seebuck

Seebuck-Hütte

Köpfle
1317

2 Wiesentalblick

Rothaus Chalet

Haus der
Natur

1

Wichtelpfad

Parkhaus Feldberg **START & ZIEL**

Café Waldvogel

FELDBERG- ORT

Paßstraße

Zeigerbahn

Menzenschwander Str.

Hebelhof

Berghotel Jägermatt

DIE WANDERPAUSEN

» START
Bahnhof Titisee

KM 2,1
2 Miniaturmühlen
Besuch in Liliput

KM 2,7
3 Jockeleshofmühle
Nach den Modellen das Original

KM 1,3
1 Eisweiher
Das etwas andere Stadion

ZWISCHEN IDYLL & KLISCHEE

12

Einmal um den beliebtesten See im Schwarzwald

Ruhe und Rummel gehen in Titisee-Neustadt Hand in Hand. Ganz unverhofft gelingt aber der Spagat zwischen touristischem Trubel und stillem Naturerlebnis im Herzen des Schwarzwaldes. Es muss ja nicht immer sofort ein Tretboot sein.

KM 7,6

4 Gaststätte Sandbank

Im Ausguck

KM 9,7

5 Seepromenade

Da ist was los!

KM 10,4

6 3-Seenbahn

Ein Krokodil am Titisee

KM 10,5 » ZIEL
Bahnhof Titisee

UNBERÜHRT UND GLATT WIE EIN SPIEGEL ...

 ... ruht der dunkle Titisee am Morgen. Noch pflügt kein Ausflugsschiff durch die Wellen, kein Tretboot zockelt am Ufer entlang. Genau in diesem Augenblick ist der Titisee womöglich der schönste Ort im Schwarzwald. Ein kurzer Augenblick, der wirkt wie das tiefe Luftholen vor dem ersten Ansturm. Wohl nirgendwo im Schwarzwald liegen idyllische Ruhe und pulsierender Tourismus so dicht nebeneinander wie hier. Während es im gleichnamigen Kurort bisweilen zugeht wie auf der Kirmes, herrscht schon wenige Meter weiter beschauliche Ruhe. Und ebendieser Kontrast macht den Bergsee so reizvoll.

Das überschaubare Titisee ist eine der Touristenhochburgen des Schwarzwaldes schlechthin. An manchen Tagen fluten Scharen von TouristInnen die schmucke kleine **Seepromenade.** Stürmen die Andenkenläden auf der Jagd nach Kuckucksuhren, Titisee-Kühlschrankmagneten, Bollenhüten, Tassen und ähnlichem Firlefanz. Der touristischen Rushhour weicht man allerdings mühelos aus. In die umliegenden Wälder ist es nicht weit. Hier ist der Kommerz nicht heimisch. Dafür aber der Kuckuck. Der ruft, unterstützt vom hämmernden Specht, in die Stille des Waldes.

VOM UFERWEG GEHT'S ZUR ABKÜHLUNG DIREKT IN DEN KLAREN SEE

Unterwegs auf den schattigen Pfaden zwischen Titisee und Hinterzarten ist der See dann erstmal wieder weit weg. Hier dominiert der Wald. Das Grün. Erst nach und nach bringt sich der See wieder in Erinnerung. Immerhin ist er der größte natürliche See im Schwarzwald. Der nahe Schluchsee schummelt ja nur mit seiner Staumauer. Tief ist er allerdings nicht, der glasklare Titisee. Durchschnittlich gerade einmal 20 Meter. Das ist deutlich weniger als die legendäre unergründliche Tiefe, die ihm in der Sage angedichtet wird.

Seinen Namen hat er übrigens angeblich vom römischen Feldherren Titus. Der fand den See so schick, dass er ihm flugs seinen Namen gab. Ob etwas Wahres dran ist? Zumindest schippert heute hin und wieder der – nun ja – recht freie Nachbau einer römischen Galeere über den See. Aber für einen Sprung in die erfrischenden Fluten ist der Name ja eigentlich gar nicht so wichtig.

In den Blumenwiesen summt, brummt und krabbelt es gehörig.

Bloß keinen Stress ... der See läuft nicht weg.

Der schönste See des Schwarzwaldes? Auf jeden Fall ganz vorne mit dabei.

WANDERN & GENIESSEN

» START
Bahnhof Titisee

Rechts. Zweimal links. Vor der Fußgängerzone rechts. Dann nochmal rechts in die Alte Poststraße.

Idyllisches Kleinod: Aber nur gucken, nicht baden!

Im und am Titisee tummeln sich nicht nur die Touristen!

KM 1,3

1 Eisweiher
Das etwas andere Stadion

Beinahe kitschig schön schält sich der Eisweiher plötzlich aus dem Wald. Die Spiegelungen auf der stillen Oberfläche lassen alle Postkartenmotive der Welt vor Neid erblassen. Woher der Eisweiher seinen Namen hat, spürt man sofort: Die Umgebung ist merklich kühler. Kein Wunder also, dass der kapitale Teich im Winter regelmäßig als eines der ersten Gewässer um Titisee-Neustadt zufriert. 1924 wurde er sogar offiziell als erstes deutsches Eisstadion eröffnet. Zwei Jahre später ging's hier bei den Deutschen Eissportmeisterschaften im Eisschnelllauf, Eishockey und Eisstockschießen um die Wurst. Heute steht das Gewässer unter Naturschutz und nur Biber dürfen hier ins Wasser.

Weiter auf dem Weg. Immer rechts halten.

Emsiges Rattern und Klappern im detailverliebten Miniatur Mühlendorf.

KM 2,7

③ Jockeleshofmühle
Nach den Modellen das Original

Die in den 90er-Jahren restaurierte Jockeleshofmühle gilt als eine der schönsten Mühlen des Schwarzwaldes. Als Getreidemühle konstruiert, wurde sie um eine Säge und ein Seiltriebwerk erweitert. Mit Letzterem trieb sie die Maschinen auf dem 300 Meter entfernten Jockeleshof an. Ab 1887 führte die Bahnlinie genau zwischen Hof und Mühle hindurch, sodass der Seiltrieb gekappt wurde. Die Mühle ist ein ruhiges Plätzchen für eine Verschnaufpause.

Auf dem Winterhaldenweg Richtung Hinterzarten. Scharf links den Mehlbergweg hinauf. Erst links und dann rechts halten. Rechts. Dem Hauptweg folgen. An der Kreuzung links. Weiter bis zur Haltestelle Feuerwehrheim. Richtung Campinplatz Bankenhof. Links und dann dem asphaltierten Weg folgen.

KM 2,1

② Miniaturmühlen
Besuch in Liliput

Geschäftig geht's zu in diesem Freiluft-Miniatur-Wunderland: Hier wird gesägt, geschmiedet, gemahlen. Eben noch meinte man sich am Titisee, jetzt staunt man in Schlumpfhausen Bauklötze? Über 20 detailverliebte von Hand gefertigte Miniaturmühlen rattern, knarzen und plätschern um die Wette. Im Inneren der Modelle recken und strecken sich wackere Holzmännchen. Beinahe kann man sie schwitzen sehen. In jedem der Schwarzwaldhäuschen gibt es Geschichten und Einzelheiten zu entdecken. Egal ob Sägen, Bäckereien, Mühlen oder Hammerschmieden, kein Handwerk fehlt. Für den Unterhalt dieses fantasievollen Mühlendorfes gibt's gerne eine Spende in die Kasse.

Zurück auf den Weg und rechts in Richtung Hinterzarten.

Ausgedient: Der alte Mühlstein erfüllt nur noch repräsentative Zwecke.

An der Goldküste: Die Promenade in Titisee-Neustadt geizt nicht mit Biergärten und Shops.

KM 9,7

5 Seepromenade
Da ist was los!

Was immer wieder als die schönste Flaniermeile des Schwarzwaldes bezeichnet wird, auch wenn es manchmal einem Bad in der Menge gleicht, sollte man sich bei einem Besuch am Titisee auf jeden Fall ansehen. An Biergärten und Cafés gibt es ebenso wenig Mangel wie an Souvenirshops und Nippesgeschäften. Von Anfang Juni bis Ende August komplettiert ein Riesenrad das Jahrmarktfeeling. Rummel oder nicht, die Aussicht vom Rad über den See ist einmalig. Vom Anleger direkt an der Seestraße starten die Passagierboote Ingrid und Carola zu den Rundfahrten über den See.

Der Seestraße durch die Fußgängerzone in Richtung Bahnhof folgen.

KM 7,6

4 Gaststätte Sandbank
Im Ausguck

Der südwestliche Uferbereich am Titisee ist Camper-Territorium. Gleich zwei ebenso große wie beliebte Campingplätze haben hier ihre Claims abgesteckt. Zwar gibt es in beiden Biwakanlagen eine Einkehrmöglichkeit, das Café-Restaurant-Kiosk-Amalgam Sandbank punktet allerdings mit seiner tollen Seeterrasse. Von hier lässt sich bei Kaffee und Kuchen oder auch einem herzhaften Flammkuchen das Treiben auf dem See wie vom Ausguck eines Schiffs beobachten. Dann mal Ahoi! (www.camping-sandbank.de/hunger)

Dem Seerundweg am Ufer entlang Richtung Titisee folgen.

Die Ausflugsboote Ingrid und Carola drehen unermüdlich ihre Runden auf dem See.

Grünes Kraftpaket: Die historische Krokodil-Lokomotive schleppt die 3-Seenbahn vom Titisee zum Schluchsee.

KM 10,4

6 3-Seenbahn
Ein Krokodil am Titisee

Wem es auf der Seepromenade zu hektisch zugeht, der kommt mit der historischen 3-Seenbahn auf seine Kosten. Entspannter als mit dieser Museumsbahn lässt es sich kaum reisen. Da stört auch das Ruckeln und Wackeln in der Holzklasse nicht. Vermutlich wünscht man sich dieses eine Mal sogar eine Verspätung. Die wunderbar restaurierte Krokodil-Lokomotive ist eine Wucht und lässt sich am Bahnsteig ausgiebig bestaunen. Durch den Zug gehen darf man auch, wenn er steht. Fahrkarten gibt's beim Schaffner, der trägt natürlich eine original historische Uniform. Von Anfang Juli bis Mitte September pendeln die Züge an den Wochenenden zwischen Titisee und Seebrugg (www.3seen-bahn.de).

Einmal um die eigene Achse drehen. Angekommen.

KM 10,5 » ZIEL
Bahnhof Titisee

LEINEN LOS ZUR TITISEE-KREUZ-FAHRT

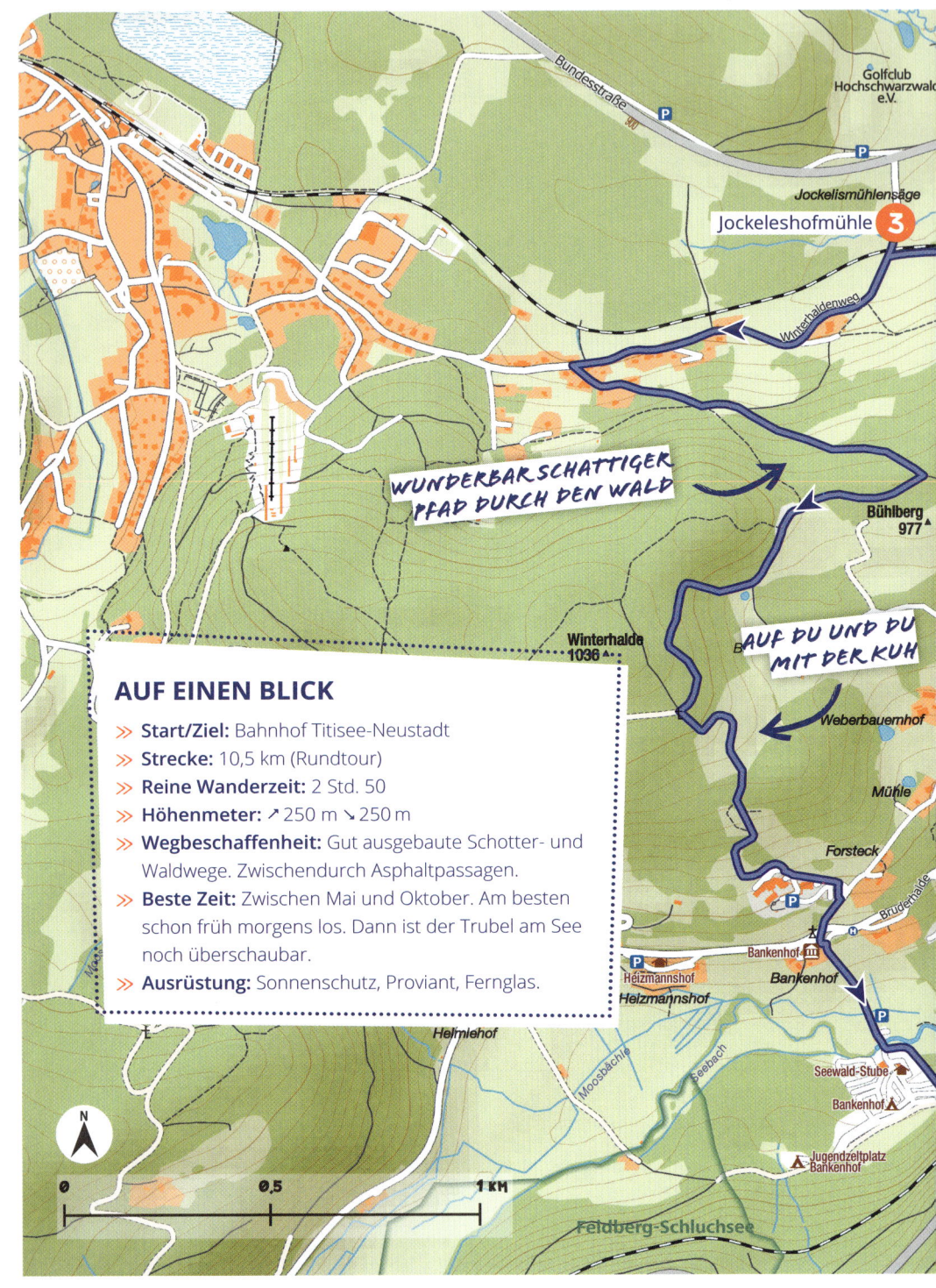

Golfclub
Hochschwarzwald
e.V.

Jockelismühlensäge

Jockeleshofmühle ❸

Winterhaldenweg

WUNDERBAR SCHATTIGER
PFAD DURCH DEN WALD

Bühlberg
977 ▲

Winterhalde
1036 ▲

AUF DU UND DU
MIT DER KUH

Weberbauernhof

Mühle

Forsteck

Bruderhalde

P

✞ Bankenhof 🏛

Heizmannhof

Heizmannhof

Bankenhof

P

Helmlehof

Moosbachle

Seebach

Seewald-Stube 🏠

Bankenhof ⛺

Jugendzeltplatz
Bankenhof ⛺

Feldberg-Schluchsee

AUF EINEN BLICK

- » **Start/Ziel:** Bahnhof Titisee-Neustadt
- » **Strecke:** 10,5 km (Rundtour)
- » **Reine Wanderzeit:** 2 Std. 50
- » **Höhenmeter:** ↗ 250 m ↘ 250 m
- » **Wegbeschaffenheit:** Gut ausgebaute Schotter- und Waldwege. Zwischendurch Asphaltpassagen.
- » **Beste Zeit:** Zwischen Mai und Oktober. Am besten schon früh morgens los. Dann ist der Trubel am See noch überschaubar.
- » **Ausrüstung:** Sonnenschutz, Proviant, Fernglas.

N

Ø   Ø,5   1 KM

Gantersmühle
Ganterhof
Altenwegbächle
Oberaltenweg

Kapellenweg
Bärenhof
Mühlenweg
Neustädter Straße

2 Miniaturmühlen

Füchsweg
Hirschbühlweg

Bärenhofweg

Badeparadies Schwarzwald

Hirschbühl
▲ 945

Bahnhof Titisee
START & ZIEL

6 3-Seenbahn

Parkstraße

Rehwinkel

Eisweiher **1**

Erlehweg
Christkönig

Titisee

Bistro zum See

Märklin World
Titisee

*DURCH DEN
MÄRCHENWALD*

Kurpark

Seeterrasse

Bergsee

Riesihof

Gutach

Seebachstraße

5 Seepromenade

★ Bühlhof

● Badestelle

Titisee

Titisee-Rundfahrt

*VOM UFERWEG GEHT'S
SCHNELL INS WASSER*

4 Gaststätte Sandbank
Seehäusle

Felgenhof

Holzmatte

DIE WANDERPAUSEN

»START
Wanderparkplatz Hardt, Sportplatzweg Friedenweiler-Rötenbach

KM 1,6

1 Biberdämme
**Wo genagt wird,
fallen Spähne**

KM 3

2 Picknickplatz Rötenbachschluchthütte
**Viel Moos und
nix los**

KM 3,7

3 Rötenbach Wasserfall
**Und zack, geht's
spritzend bergab**

WO DER 13 BIBER NAGT & BAUT

Durch die Rötenbachschlucht zur Wutach

Wege und Pfade schlängeln sich vorbei an alten Steinbrüchen, Biberdämmen, mannshohen Ameisenburgen und Wasserfällen. In der tief eingekerbten Schlucht des Rötenbachs jagt eine Brücke die nächste. Ganz klar: An der Grenze zur Baar zeigt sich der Schwarzwald nochmal von seiner wildromantischen Seite.

KM 4,4
4 Rötenbachmündung
Und hinein!

KM 8,4
5 Rötenbacher Wiesen
Wo's summt und brummt

KM 9
6 Ameisenpfad
Emsige Krabbler

KM 10 » ZIEL
Wanderparkplatz Hardt,
Sportplatzweg Friedenweiler
Rötenbach

WENN DER BIBER ZUR OUVERTÜRE AUFSPIELT ...

 ... verspricht das eine außergewöhnliche Vorstellung. Natürlich wird der Biber keine Arien schmettern. Das wäre albern. Und zu sehr Disney. Jedoch gibt der Nager den Takt jenes Prologs vor, den der wildromantische Rötenbach als Auftakt zur rauschhaften Oper der nahen Wutachschlucht darstellt. Keine Sorge, die Rötenbachschlucht hat selbstverständlich das Zeug, die Inszenierung ganz alleine zu stemmen. Aber der Rötenbach, das offenbart sich schon an den ersten idyllischen Brücken über den Flusslauf, fließt gelassener daher. Eleganter und weniger polternd als die aufbrausende Wutach.

VOM SICH HOCH ÜBER DEM FLUSS ENTLANGSCHLÄNGELNDEN PFAD ERSCHLIESST SICH DIE GANZE SCHÖNHEIT DER SCHLUCHT

Dass der Fluss gerade in seinem Oberlauf immer wieder träge mäandernd dahinzieht, ist auch den **Biberdämmen** geschuldet. Als Architekt, Baumeister, Logistiker und Statiker in einem hat das Multitalent mit Überbiss hier seinen Claim abgesteckt. Links und rechts des schmalen Pfades durch die urwüchsige Rötenbachschlucht sind immer wieder die von scharfen Biberzähnen abgenagten Baumstümpfe zu entdecken. Den bepelzten Meister selbst bekommt man allerdings nur mit sehr viel Glück in der Dämmerung zu sehen.

Rustikal und bisweilen anspruchsvoll präsentiert sich der Pfad. Mal geht's direkt am Ufer entlang, dann wieder hoch hinauf und oberhalb des Flusses weiter. Über exakt sieben Brücken muss man hier gehen, bis zur **Rötenbachmündung**, wo der Rötenbach langsam in die Wutach trudelt. Inklusive Sieben-Brücken-Ohrwurm setzt sich anschließend die Expedition ins Tierreich oberhalb des Flusses fort. Im dichten Wald springen Eichhörnchen tollkühn von Baum zu Baum. Der weiche Waldboden ist durchwirkt von zahlreichen riesigen Ameisenhaufen und die **Rötenbacher Wiesen** sind ein Paradies für Schmetterlinge und andere Insekten. Hier ist die Ouvertüre längst zum Hauptakt geworden.

Wie aus einem Füllhorn ufern in der Rötenbachschlucht die Naturhighlights. An einigen Stellen umweht sogar der Hauch des Abenteuers den Pfad durch die scheinbar unberührte Natur. Aber keine Sorge, es ist nur ein ganz leichter Hauch.

Die zahlreichen Biberdämme zeigen, wer in der Schlucht das Sagen hat.

Verblüffendes Farbenspiel im alten Steinbruch.

Keine Sorge: Ganz so groß sind die Ameisen selbst hier nicht.

WANDERN & GENIESSEN

» START

Wanderparkplatz Hardt, Sportplatzweg, Friedenweiler-Rötenbach

Der Weg zur Schlucht ist ausgeschildert. Orientierung bieten die Wegweiser des Premiumwanderwegs Rötenbachschlucht sowie die blaue Raute.

Gut behütet im Naturschutzgebiet. Auch Pilzkenner dürfen hier nichts sammeln.

Kraftvoll zubeissen kann er, der Biber. Zu sehen ist der Nager aber nur sehr selten.

KM 1,6

Biberdämme
Wo genagt wird, fallen Spähne

Zunächst fallen am Wegrand die typisch abgenagten Bäume auf. Wie überdimensionierte Bleistiftspitzen ragen sie aus dem Boden. Am Oberlauf des Rötenbachs haben Biber das Regiment übernommen. Immer wieder stauen Dämme den Wasserlauf. Mit den Konstruktionen aus selbst gefälltem Bauholz gestalten die Nager den Verlauf des Flusses. Die so geschaffenen Staubecken nutzen die Pflanzenfresser als Transportweg. Gleichzeitig verlegt der höhere Pegel den Zugang zur Biberburg unter die Wasseroberfläche, quasi ein natürlicher Einbruchschutz. Als reine Vegetarier futtern Biber neben Wasser- und Uferpflanzen 63 Gehölzarten. Die Connaisseurs bevorzugen allerdings weiches Weidenholz. So gibt's das Festmahl schon vor dem Richtfest.

Dem Pfad am Ufer des Rötenbachs weiter folgen.

Natürliche Dachbegrünung: Moos ist deutlich nachhaltiger als Ziegelsteine.

KM 3,7

③ Rötenbach Wasserfall
Und zack, geht's spritzend bergab

Obwohl der Rötenbach sich eher Zeit nimmt und langsam fließt, hat er auch seine wilden Momente. Ganz so als liefen auf seiner Playlist zwischen langsamen Balladen immer mal wieder kernige Rocksongs. Im unteren Bereich gräbt sich die Schlucht immer tiefer ins Gestein. Nachdem das Wasser etwas Anlauf genommen hat, schießt es direkt neben dem Weg einen Felsen hinab. Der rauschende Wasserfall ist so pittoresk, dass er es mühelos in jede Karl-May-Verfilmung geschafft hätte. Einige Meter darunter ist der Weg breit genug, sodass man das Naturschauspiel in seiner ganzen Pracht in Ruhe genießen kann.

Von hier führt nur ein Weg zur Mündung des Rötenbachs in die Wutach.

KM 3

② Picknickplatz Rötenbachschluchthütte
Viel Moos und nix los

Allmählich wird's Zeit für eine erste Rast. Kaum ist der Gedanke ausgesprochen, öffnet sich wie bestellt in einer langgezogenen flachen Kurve des Flusses eine große Lichtung. Die urige, von dickem Moos überwucherte Schutzhütte verleiht dem stillen Rastplatz eine mystische Atmosphäre. Wer die Stempel der Premium-Wanderwege des Schwarzwaldes sammelt, kann an der bunten Kuckucksuhr stempeln. Platz findet man auf mehreren Baumstümpfen. Erfreulicherweise ist das Ufer gegenüber der Hütte flach, der Fluss zudem seicht und sandig. Also nichts wie raus aus den Schuhen und rein in den kühlen Bach.

Falsch abbiegen ist nicht möglich. Es geht immer weiter auf dem Pfad am Fluss entlang.

Auch der Rötenbach wird an manchen Stellen wild.

An der Mündung hat sich der Rötenbach schon wieder beruhigt und trudelt gemächlich in die Wutach.

KM 8,4

⑤ Rötenbacher Wiesen
Wo's summt und brummt

Am Waldrand schweift der Blick bis zur hügeligen Landschaft der Baar. Die sanft geschwungenen Feuchtwiesen um Rötenbach sind mit ihren zahlreichen Wildblumen und Gräsern ein Tummelplatz für Schmetterlinge und Bienen. Die weit offene Wiesenlandschaft gleicht einem Mosaik aus ganz verschiedenen extensiv genutzten Grünlandtypen wie Niedermooren, Pfeifengraswiesen oder Halbtrockenrasen. Ein Lebensraum für seltene Arten wie die stark gefährdete Buschnelke, die Bleiche Weide oder den Moor-Klee. Ein witziges Gimmick am Wegesrand ist das Schmetterlings-Memory.

Den Wegweisern nach Rötenbach folgen. Die Schilder des Ameisenpfades bieten ebenfalls Orientierung.

KM 4,4

④ Rötenbachmündung
Und hinein!

Die tief eingegrabene Schlucht führt den Rötenbach nun zielstrebig der Mündung zu. Schließlich strudelt er etwas zurückhaltend in den größeren Fluss. Am Zusammenfluss von Rötenbach und Wutach hat sich ein Strand gebildet. Mit mehreren Bänken ist die schattige Lichtung an der Rötenbachmündung ein beliebter Rastplatz. Wer die Badeklamotten mit hat, kann sich in der hier noch ruhigen Wutach abkühlen. Zum Schwimmen reicht es aber nicht wirklich. Ein toller Anblick ist das große Pestwurz-Feld am gegenüberliegenden Ufer.

Von hier rechts und immer der gelben Raute nach. An der Grillhütte Göschweiler rechts. Orientierung bieten auch die Wegweiser nach Rötenbach.

Der lichtdurchflutete Wald ist Tummelplatz zahlreicher Eichhörnchen.

Über den Feuchtwiesen schaukeln zahlreiche Schmetterlinge wie dieser Rostfarbene Dickkopffalter durch die Luft.

EXTRA INFOS:

Eine schöne Gelegenheit zur Einkehr bietet die ● **Gastwirtschaft der Elektro-Kartanlage Gaspedal** mitten im Wald. Sonntag ist Schnitzeltag! Wer zur Abwechslung mal nicht laufen will, kann hier auf ein E-Kart umsteigen (www.e-crosskart.de).

Kurz vor Stopp 5 zweigt ein Pfad in die ● **Krebsgrabenschlucht** ab. Mit etwas Glück lassen sich im Bach der wunderschönen Schlucht Flusskrebse entdecken.

Einkehrmöglichkeiten sind rar gesät. Eine Alternative bietet die ● **Grillhütte Göschweiler** nebst Spiel- und Bolzplatz. Hier kann man auch parken.

KM 9
(6) Ameisenpfad
Emsige Krabbler

Während in der Schlucht der Biber für Gestaltung und Deko zuständig ist, geben oben im Wald diesbezüglich die Ameisen den Ton an. Im Gegensatz zum Nager eine Etage tiefer, sind die Krabbler gut zu beobachten. Hügel reiht sich an Hügel. Einige von ihnen über einen Meter hoch. Die zahllosen Ameisenstraßen bündelt ein liebevoll angelegter Themenpfad, der sich zwischen den Kegeln der Ameisenhaufen am Wegesrand hindurchschlängelt. Besonderer Hingucker sind die großen Holzameisen, die auf dem Pfad verteilt sind.

Dem Weg am Waldrand entlang folgen und dann die zweite Möglichkeit rechts in Richtung Wanderparkplatz.

DAS GROSSE KRABBELN

KM 10 » ZIEL
Wanderparkplatz Hardt, Sportplatzweg Friedenweiler-Rötenbach

Real-Life-Wimmelbuch: Der Ameisenpfad schlängelt sich ziwschen den hohen Burgen der Krabbler hindurch.

AUF EINEN BLICK

» **Start/Ziel:** Wanderparkplatz Hardt, Sportplatzweg Friedenweiler-Rötenbach. Alternativ: Bahnhof Rötenbach

» **Strecke:** 10 km (Rundtour)

» **Reine Wanderzeit:** 2 Std. 50

» **Höhenmeter:** ↗ 207 m ↘ 207 m

» **Wegbeschaffenheit:** In der Schlucht teilweise schmale und steinige Pfade. Ansonsten gut ausgebaute Schotterwege und einige Asphaltpassagen.

» **Beste Zeit:** Juni bis Oktober. Bei feuchter Witterung kann es in der Schlucht schnell rutschig werden.

» **Ausrüstung:** Festes Schuhwerk, Proviant, eventuell Grillgut, Badesachen.

Wanderparkplatz Hardt,
Sportplatzweg Friedenweiler-Rötenbach
START & ZIEL

Gastwirtschaft der Elektro-Kartanlage Gaspedal

5 Rötenbacher Wiesen

Krebsgrabenschlucht

6 Ameisenpfad

1 Biberdämme

EHEMALIGER STEINBRUCH

Rötenbachschlucht

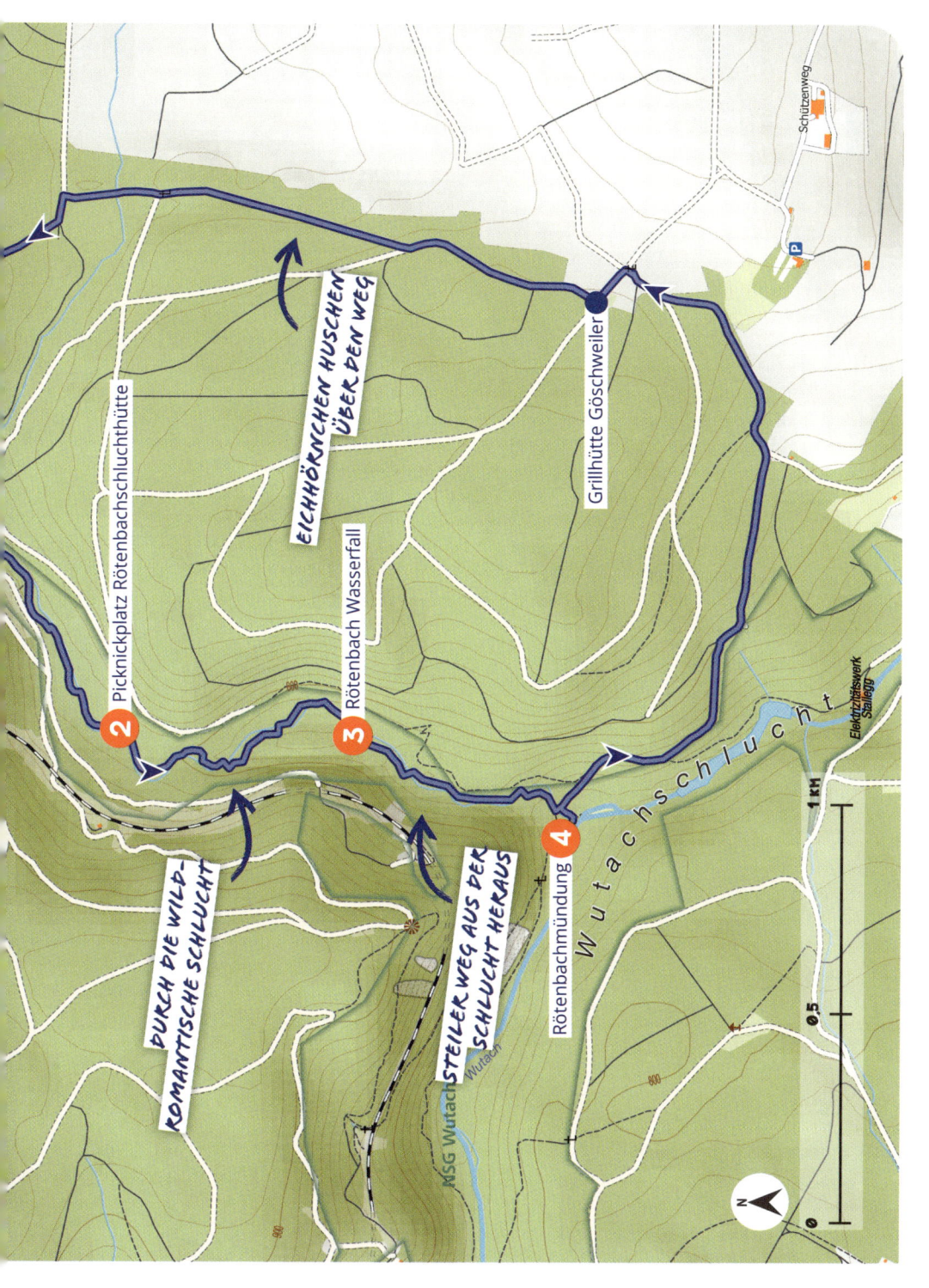

Schützenweg

Grillhütte Göschweiler

Picknickplatz Rötenbachschluchthütte

EICHHÖRNCHEN HUSCHEN ÜBER DEN WEG

Rötenbach Wasserfall

2

3

Wutachschlucht

Elektrizitätswerk Stallegg

DURCH DIE WILD-ROMANTISCHE SCHLUCHT

STEILER WEG AUS DER SCHLUCHT HERAUS

MSG Wutach

Wutach

Rötenbachmündung

4

1 KM

0,5

0

N

DIE WANDERPAUSEN

KM 2,8

>> START
Wanderparkplatz
Wutachmühle

Felsenweg am Wutachufer
2 Wo der Fluss
wieder aus der
Erde sprudelt

KM 4,8

KM 1,7

Dorfkiosk Bachheim
3 Nach der Schlucht
ist vor der Schlucht

1 Baumstammbrücken

Auf Du und Du
mit dem Eisvogel

WILDE 14
WASSER

Durch die Schluchten von Wutach und Gauchach

Auf wildromantischen Pfaden geht es entlang bizarrer Felsformationen durch die spektakuläre Wutachschlucht. Stets auf Tuchfühlung mit dem plätschernden Fluss, ist der schattige Weg durch das Naturschutzgebiet an heißen Sommertagen eine Wohltat.

KM 8,2

4 Wasserfall an der Gauchach
Wo sich der Riesen-schachtelhalm wiegt

KM 8,4

5 Gasthaus Burgmühle
Regionale Leckerbissen

KM 10,1

6 Kanadiersteg
Im Tunnel über den Bach

KM 11,5 » ZIEL
Wanderparkplatz
Wutachmühle

WIE EIN BLAUER BLITZ...

 ... schießt der Eisvogel tollkühn von der Felswand in die glitzernden Fluten. Ein Spritzen und Platschen. Schon macht sich der leuchtend-blaue Jäger mit seiner Beute wieder davon. Mit Geduld und etwas Glück lässt sich dieses Naturschauspiel zwischen den imposanten Felsen der Wutachschlucht beobachten. Doch auch wenn sich kein Eisvogel blicken lässt, sind die zerklüfteten Steilwände und die hohen Felstürme, zwischen denen die Wutach unermüdlich hindurchgurgelt, Spektakel genug. Ehrfürchtig raunt manch einer gar vom deutschen Grand Canyon. Bis zu 170 Meter hat sich die Wutach hier im Laufe der Jahrtausende beharrlich ins Gestein gefräst. Herausgekommen ist die wohl beeindruckendste Schlucht des Schwarzwaldes.

Jede Wanderung durch die mittlere Wutachschlucht ist auch eine Zeitreise. Gleich mehrere Millionen Jahre geht's zurück in die Erdgeschichte. Den wichtigsten Zeitzeugen, den Muschelkalk, gibt's sogar zum Anfassen. Auf dem schönsten Abschnitt der Rundtour führt ein **Felsenweg** über Steinklippen an der senkrechten Steinwand entlang. Die Felsen ragen bisweilen sogar über den Weg. Der glattgeschliffene, kühle Stein ist mit den Händen greifbar. Der frische Geruch von feuchtem Moos, das an den Felsen klebt, steigt in die Nase. Wer sich bereits am Morgen auf den Weg macht, hat die üppige Natur noch für sich allein. Libellen flitzen zwischen den raumgreifenden Blättern der Pestwurz hin und her, Wasseramsel und Gebirgsstelze trällern um die Wette und Schmetterlinge schaukeln von Blüte zu Blüte. Wenn die Schleier des Frühnebels langsam zerfasern, liegt über dem Fluss eine märchenhafte Stimmung.

AUF DEM SPEKTAKULÄREN FELSENWEG DIREKT AM UFER IST MAN GANZ NAH AN DER RAUSCHENDEN WUTACH

Schon 1939 wurde die Wutachschlucht unter Naturschutz gestellt. Pläne für eine Talsperre zur energiewirtschaftlichen Nutzung des Flusses gab es dennoch immer wieder. Glücklicherweise lief die Bevölkerung Sturm und so wurden die Pläne in den 1960er-Jahren endgültig begraben. Unvorstellbar, wären die urzeitlichen Wälder an der Wutach und ihrem wichtigsten Zufluss, der Gauchach, unter den Fluten eines Stausees verschwunden.

Immer wieder schäumt das Wasser der brausenden Wutach gischtsprizend auf.

Erdgeschichte zum Anfassen: Die Felsen am Weg bestehen aus urzeitlichem Muschelkalk.

Brückenlauf: Holzbrücken verbinden die Ufer der Wutach.

WANDERN & GENIESSEN

● **» START**
Wanderparkplatz Wutachmühle

Über die Wutachbrücke gegenüber vom Kiosk, dann rechts und immer entlang der Wutach.

An den Steilwänden der Wutachschlucht sind Wandernde stets auf Tuchfühlung mit der Natur.

KM 1,7

① Baumstammbrücken
Auf Du und Du mit dem Eisvogel

Den Wanderweg im Naturschutzgebiet zu verlassen, um auf das gegenüberliegende Ufer auszuweichen, ist ein absolutes Tabu. An dieser Stelle ist's allerdings ausdrücklich erwünscht: Über zwei massive Baumstammbrücken kann man hier auf die andere Seite der Wutach wechseln. Ein toller Rastplatz. Am gegenüberliegenden Felsen gehen am frühen Morgen bisweilen Eisvögel auf die Jagd. Wer ganz großes Glück hat, bekommt vielleicht sogar einen Biber zu Gesicht. Die Nager sind mittlerweile wieder in der Schlucht heimisch und ziehen im Wasser ihre Bahnen.

Weiter auf dem Weg entlang der Wutach.

LOGENPLATZ FÜR DIE SHOW DER EISVÖGEL

Der Weg auf das andere Wutachufer ist ein Balanceakt. Lohnt sich aber und das Geländer ist beruhigend stabil.

Ihre Klippen machen die Wutach-schlucht zur wohl spektakulärsten Schlucht des Schwarzwaldes.

KM 4,8

③ Dorfkiosk Bachheim
Nach der Schlucht ist vor der Schlucht

Der Aufstieg aus der Wutachschlucht hält ein paar knackige Steigungen bereit. Da kommt der kleine Kiosk etwas oberhalb des großen Wanderparkplatzes wie gerufen. Dank des »Biergarten«-Schildes ist er gar nicht zu verfehlen. Am höchsten Punkt der Tour bietet sich bei einem Kaffee oder einem kühlen Bier mit Snacks ein großartiger Blick auf den umliegenden Schwarzwald. Alternativ kann die Tour auch hier gestartet werden (www.dorfkiosk-bachheim.de).

Zurück zum Wanderparkplatz Bachheim und dann den Wegweisern »3-Schluchten-Tour Schlecht-Wetter-Variante« nach. An der Burgmühle links.

KM 2,8

② Felsenweg am Wutachufer
Wo der Fluss wieder aus der Erde sprudelt

Umtriebig ist sie, die Wutach. Mal sprudelnd, mal kriechend und dann wieder ruhig mäandernd. Ein ausdauernder und beharrlicher Schluchtengräber ist sie ohnehin. Und dann verdrückt sich der Fluss zwischendurch auch einfach mal unter die Erde. Ganz weg ist sie natürlich nicht, aber einen Teil ihrer Wassermassen verschickt sie unterirdisch. Am Fuß der Steilwände des Felsenweges rauscht das Wasser dann wieder an die Oberfläche. An einigen schmalen Stellen ist der Weg hier mit Stahlseilen als Handlauf gesichert. Die breiten Felsstufen am Ufer sind bei Wandernden ein beliebter Platz für die gepflegte Brotzeit zwischendurch und so mancher Fuß baumelt im kühlen Nass.

Den Wegweisern der 3-Schluchten-Tour folgen.

Weiter aufs Ziel zu: Nicht mehr weit bis zur nächsten Erfrischung!

Biergarten

Keine Irrungen und Wirrungen: Auf die Beschilderung ist immer Verlass.

KM 8,4

⑤ Gasthaus Burgmühle
Regionale Leckerbissen

Obwohl der Lauf der Gauchach weitestgehend ursprünglich wirkt, lassen sich hier und da die Spuren ihrer wirtschaftlichen Nutzung erkennen. So stößt man immer wieder auf die Überreste eines Kanalsystems, das die drei Mühlen, die einst hier betrieben wurden, speiste. Einer neuen Bestimmung wurde die wunderschön gelegene Burgmühle zugeführt. Das hübsche Gebäude beherbergt eine einladende Gartenwirtschaft. Von herzhaften Köstlichkeiten bis zu selbstgemachten Kuchen gibt es alles, was das Wanderherz begehrt. Bei nasskaltem Wetter sorgt in der urigen Gaststube ein Holzofen für Behaglichkeit (www.gauchachschlucht.de).

Den Wegweisern Richtung Kanadiersteg und Wutachmühle folgen.

KM 8,2

④ Wasserfall an der Gauchach
Wo sich der Riesenschachtelhalm wiegt

Bevor's zur wohlverdienten Einkehr geht, lohnt es sich, etwas weiter in die Gauchachschlucht hineinzuwandern. Sie ist quasi die kleine Schwester der Wutachschlucht. Etwas weniger überlaufen, aber genauso atemberaubend und gefühlt noch eine Spur ursprünglicher. Der Weg führt vorbei an Steilwänden und Felsüberhängen. Mit hohen Schachtelhalmen, daumendicken Efeuranken und dicken Moosflechten wirkt die Schlucht wie ein Schaufenster in die Urzeit. Unweit des wildromantischen Wasserfalls ist das Ufer sehr flach und gut zugänglich. Das kalte Wasser ist für müde Wanderfüße eine herrliche Erfrischung.

Wer möchte, kann die Gauchachschlucht bis zum Einstieg in die Engeschlucht bewandern. Dann zurück zur Burgmühle.

Fehlen nur noch die Saurier: Die Gauchaschlucht verströmt mit Schachtelhalmen und Farnen Urzeit-Flair.

Eine Einkehr in die malerische Burgmühle gehört zum Pflichtprogramm der Schluchtenwanderung.

EXTRA INFOS:

Wer sich an der zerklüfteten Wutachschlucht gar nicht satt sehen kann und gut zu Fuß ist, der hat bei Kilometer 4 die Möglichkeit, dem Flusslauf einfach weiter bis zum ● **Gasthaus Schattenmühle** zu folgen. Der Weg führt zudem an der Wutach-Versinkung und der aufgegebenen Kapelle von Bad Boll vorbei. Bis zur Schattenmühle sind es etwa acht Kilometer. Zurück zur Wutachmühle geht's dann mit dem Wanderbus (Infos und Bus-Fahrpläne www.wutachschlucht.de).

KM 10,1

KM 11,5 » ZIEL
Wanderparkplatz Wutachmühle

Kanadiersteg

6
Im Tunnel über den Bach

Die Erschließung der Wutachschlucht begann gegen Ende des 19. Jh. Die ersten Brücken hielten dem regelmäßigen Hochwasser allerdings nicht lange stand. Immer wieder unterspülte der launische Fluss die Übergänge. Auch heute kommt es vor, dass starke Regenfälle und Hochwasser die Brücken in Mitleidenschaft ziehen. Eine der robusten Ausnahmen ist der Kanadiersteg am Zusammenfluss von Wutach und Gauchach. Die massive Holzkonstruktion gleicht einem Tunnel über die glucksende Wutach. Benannt wurde die Brücke nach den in Lahr stationierten kanadischen Pioniersoldaten, die das Bauwerk 1976 erbauten. Von der Brücke bietet sich ein schöner Blick flussauf und -abwärts.

Nach der Brücke links und den Weg zurück zur Wutachmühle.

Von Wegen »auf dem Holzweg«! Der massive Kanadiersteg führt sicher über die Wutach.

AUF EINEN BLICK

» **Start/Ziel:** Wanderparkplatz Wutachmühle
» **Strecke:** 11,5 km (Rundtour)
» **Reine Wanderzeit:** 3 Std.
» **Höhenmeter:** ↗ 290 m ↘ 290 m
» **Wegbeschaffenheit:** Gut ausgebaute Sand- und Schotterwege wechseln sich mit Pfaden über die Felsen ab. Bei feuchter Witterung ist es stellenweise rutschig.
» **Beste Zeit:** Im Sommer ist es herrlich kühl am Bach. Im Idealfall hat es an den vorhergehenden Tagen nicht geregnet. Wer kann, sollte die Tour unter der Woche machen, dann ist weniger los.
» **Ausrüstung:** Unbedingt festes Schuhwerk. Picknick für unterwegs. Fernglas.

Neuenburg
Reutebuck
Mühlenweg
Burgstüble
Oberburg

Bachheim
Dorfstraße
Tränkebach

Dorfkiosk Bachheim

3

Kiesstraße

← Gasthaus
Schattenmühle

DURCH SCHÖNE WILD-BLUMENWIESEN

AUF TUCHFÜHLUNG MIT DEM FELS

NSG Wutachschlucht
Hornbach
Wutach

Felsenweg am Wutachufer

2

Hasengraben

N

0   0,5   1 KM

Burkhardhütte

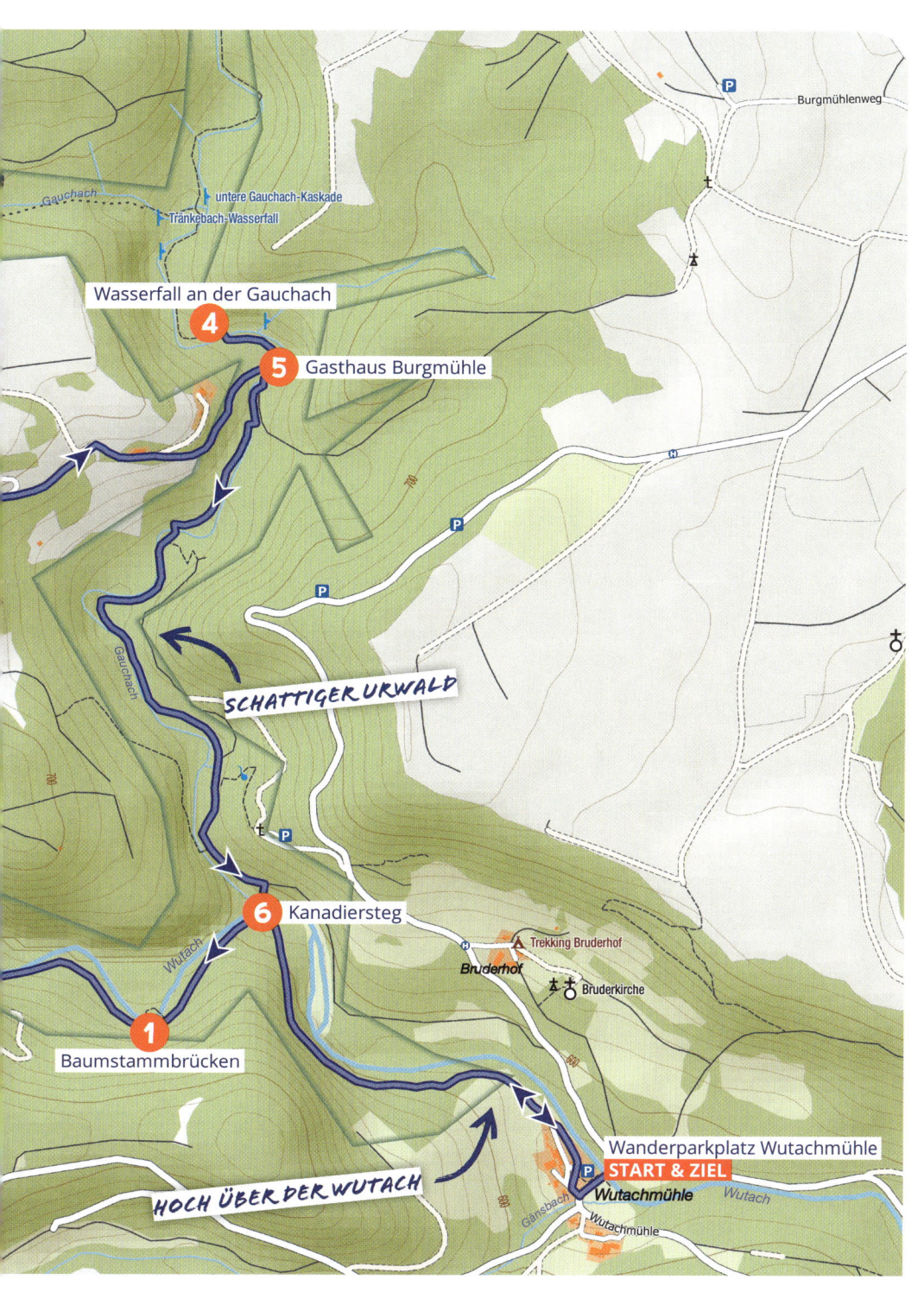

Wasserfall an der Gauchach

4

5 Gasthaus Burgmühle

untere Gauchach-Kaskade
Tränkebach-Wasserfall

Gauchach

Burgmühlenweg

SCHATTIGER URWALD

Gauchach

Kanadiersteg

6

Trekking Bruderhof

Bruderhof

Bruderkirche

Wutach

1

Baumstammbrücken

HOCH ÜBER DER WUTACH

Wanderparkplatz Wutachmühle

START & ZIEL

Wutachmühle

Gänsbach

Wutachmühle

Wutach

DIE WANDERPAUSEN

» START
Parkplatz Eisenbreche, Blasiwald

KM 0,6

1 Habsbergschanze Blasiwald
Auf einen Sprung in den Wald

KM 4,7

2 Vesperstube Unterkrummenhof
Fixpunkt auf halber Strecke

KM 6,5

3 Kaiserbucht
Ab ins Wasser

SOMMER-FEELING

15

Zwischen Waldidylle und Sandstrand am Schluchsee

Eingebettet in eine herrliche Naturkulisse, ist der größte See im Schwarzwald ein absolutes Muss. Auch im Hochsommer bleibt das Wasser hier erfrischend kühl. Also auf jeden Fall die Badeklamotten einpacken!

KM 8

4 Picknickplatz mit Seeblick

Hier gibt's was zu gucken

KM 9,3

5 Kiosk an der Staumauer

Sundowner am Hafen

KM 9,6

6 Talsperre Schluchsee

Beeindruckendes Bollwerk

KM 10 » ZIEL

Parkplatz Eisenbreche, Blasiwald

8,2 Km

11,4 Km

2,2 Km

MALERISCH EINGEBETTET IN DICHTE WÄLDER ...

... das Ufer gespickt mit herrlich sandigen Buchten: Schöner als der Schluchsee ließe sich ein See im Schwarzwald nur schwer planen. Wer braucht da schon die Karibik? Während es am nördlichen Ufer um den gleichnamigen Kurort in den Sommermonaten am See recht turbulent zugeht, bleibt es am Südufer eher beschaulich.

Hier bewegt man sich quasi auf der Nahtstelle zwischen Badeparadies mit Südsee-Flair und Schwarzwald-Idylle. Auf der Rundtour überflügelt Letztere mühelos jedes Klischee. Hektik oder Trubel? So etwas gibt es hier nicht. Begleitet von Summen, Zirpen und Zwitschern, geht es durch Wildblumenwiesen. Ein paar Alpakas blicken etwas verdutzt drein. Vermutlich staunen auch sie über das herrliche Bilderbuchpanorama, dass der Schwarzwald hier zu Schau stellt.

AM SANDSTRAND IN DER KAISER-BUCHT DIE SONNE GENIESSEN UND ANSCHLIESSEND IN DEN FRISCHEN SEE SPRINGEN

Im schattigen Wald holt sich die Natur nach und nach längst vergessene Orte zurück. Einst segelten an der alten **Habsbergschanze** winters Skispringer durch die Lüfte. Heute schwirren zwischen ihren Überresten allenfalls tiefenentspannte Hummeln behäbig von Blüte zu Blüte. Der Schluchsee macht sich hier noch rar: Immer wieder funkelt er kurz durch die Bäume, nur um gleich wieder zu verschwinden. Die **Vesperstube Unterkrummenhof** kommt genau zur rechten Zeit. Nun präsentiert sich auch der See in seiner ganzen Pracht. Über siebeneinhalb Kilometer erstreckt sich die in der Sonne glitzernde Wasserfläche. Resultat eines ausgeklügelten Plans, denn Baden-Württembergs zweitgrößter See nach dem Bodensee ist ein Stausee. Aber wen kümmert's bei diesem grandiosen Anblick? Den See selbst sicher nicht. Seine dunkle Färbung verdankt er übrigens zwei Mooren, die der See schon überspülte, bevor er aufgestaut wurde. Keiner abenteuerlichen Tarnaktion mit schwimmenden Torfsoden während des Zweiten Weltkrieges, auch wenn sich dieses Gerücht hartnäckig hält.

Zugänglich ist der See am Südufer fast überall und lädt zum Bad. Zuerst im kühlen Nass und anschließend in der warmen Sonne. Am schönsten ist es in der sandigen **Kaiserbucht** – natürlich, denn irgendwoher muss die ja ihren Namen haben.

Neugierige Gesellen: In Blasiwald wundern sich ein paar Alpakas über die Wandernden.

Immer den See im Blick: Der Weg zurück nach Blasiwald schlängelt sich stets am Ufer entlang.

Aus der Wanderung wird ganz schnell ein Badeausflug. Zu einladend sind die Fluten des Schluchsees.

WANDERN & GENIESSEN

>> START

Parkplatz Eisenbreche, Blasiwald

Nach rechts und dann links halten, dem Wegweiser nach Bernau und Schluchsee folgen.

Der Schwarzwald holt sich die aufgegebene Skisprungschanze bei Blasiwald nach und nach zurück.

KM 0,6

1 Habsbergschanze Blasiwald
Auf einen Sprung in den Wald

Völlig unvermittelt schiebt sich die zerfallende Skisprungschanze am Wegesrand den Hang hinauf. Ein Lost Place, vergessen, sich selbst und dem Wald überlassen. Die Ausmaße der Anlage lassen sich noch gut erahnen, obwohl der Efeu Anlaufturm und Schanze längst fest im Griff hat. 1936 errichtet, jagte hier Anfang der 1950er-Jahre auch der spätere Olympiasieger Georg Thoma aus dem nahen Kirchzarten erfolgreich über den Schanzentisch. Die Route führt ganz ungefährlich über die brüchigen Kunstrasenmatten der Schanze. Erklettern darf man die alte Anlage jedoch nicht. Will man angesichts der morschen Konstruktion auch nicht. Beeindruckend genug, wie sich der Wald die ehemalige Sportstätte in aller Stille allmählich wieder einverleibt.

Erst dem Alten Wüstengrabenweg folgen, dann rechts halten und den Wüstengrabenweg entlang. Ab der Kohlhütte geht's auf dem Unterkrummenweg weiter.

Baden wie ein König: Am sandigen Strand der Kaiserbucht überhaupt kein Problem.

KM 4,7

2 Vesperstube Unterkrummenhof
Fixpunkt auf halber Strecke

Egal in welche Richtung man die Rundtour startet: Erreicht man die Vesperstube, ist Halbzeit. An den Wochenenden kann es hier durchaus voll sein, aber der Ausblick auf den Schluchsee entschädigt, wenn das Warten auf deftigen Wurstsalat, Flammkuchen und Co. etwas dauert. Während die Ausflugsgaststätte für Wandernde frühlings und sommers einen Picknickkorb mit Spezialitäten bepackt (mit etwas Vorlauf, versteht sich), stehen im Herbst und im Winter Käsefondue, Raclette und Kutschfahrten auf dem Programm (www.unterkrummenhof.info).

Von der Vesperstube geht's auf dem Seeweg am Ufer entlang.

Die Erfrischung mit Seeblick gibt's natürlich auch alkoholfrei.

KM 6,5

3 Kaiserbucht
Ab ins Wasser

In der Kaiserbucht ist der Zugang zum See besonders leicht. Fast wähnt man sich am sandigen Strand in der Karibik. Aber im Gegensatz zur Südsee bleibt das Wasser des Schluchsees auch an heißen Sommertagen angenehm kühl. Eine Sommerfrische im wahrsten Sinne des Wortes! So macht der Schluchsee seiner Entstehungsgeschichte als Gletschersee des Feldberg-Gletschers alle Ehre. Dem Treiben im, am und auf dem Wasser tut das jedoch keinen Abbruch. Im Gegenteil, der See ist ein Magnet für Wassersport: Schwimmen, Segeln, Stand-Up-Paddling und eine Etage tiefer beim Tauchgang die Fluten erkunden. In der Kaiserbucht herrscht gemächliche Strandbad-Atmosphäre. Wem es in der Sonne zu heiß wird, der findet Abkühlung im Uferwald. Sonnenschutz nicht vergessen!

Weiter auf dem Seeweg.

4 Picknickplatz mit Seeblick
Hier gibt's was zu gucken

Auf dem sanft geschwungenen Weg am Ufer des Schluchsees wechseln sich schattige Passagen immer wieder mit sehr sonnigen Abschnitten ab. Nach einer Strecke, auf der es die Sonne besonders gut meint, liegt etwa bei Kilometer 8 der Rundtour ein idealer Rastplatz im Schatten hoher Bäume. Von massiven Holzbänken nebst Picknicktafel oberhalb des Ufers überblickt man einen Großteil des Sees. Ein großartiger Logenplatz, um das Treiben auf dem Wasser zu beobachten. Wer mag, kann nochmals hinab zum Wasser, denn auch hier schmiegt sich ein schmaler Sandstreifen ans Ufer.

Der Seeweg kreuzt bald den Jägergutweg direkt am Ufer. Links halten und am Ufer bleiben.

Die Picknickbank als Ausguck. Das Treiben auf dem See liefert das Unterhaltungsprogramm zum Vesper.

Hirschsprung 2.0: Direkt oberhalb des Yachthafens Blasiwald thront ein metallener Zwölfender.

5 Kiosk an der Staumauer
Sundowner am Hafen

Nun geht es auf die Zielgerade. Beinahe am Ende der Route angelangt, winkt im Flori Kiosk unweit des Yachthafens Blasiwald eine wohlverdiente Erfrischung. Der Blick schweift von der Terrasse nochmals über den See und die umliegenden Gipfel des Schwarzwaldes. Besonders schön ist's hier, wenn sich der Tag allmählich dem Ende neigt und der See langsam zur Ruhe kommt. Wer genau hinsieht, kann oberhalb des Kiosks einen prächtigen Hirsch erkennen, der wie eine Hommage an den Hirschsprung im engen Hölltal vor Freiburg wirkt.

Der nächste Stopp ist bereits in Sichtweite.

KM 9,6

6 Talsperre Schluchsee
Beeindruckendes Bollwerk

Kurz vor dem Ziel drückt sich die mächtige Staumauer stoisch gegen die Wassermassen des
Schluchsees – oder vielmehr der Schwarza, je-
nem Fluss, durch dessen Stauung der Schluchsee
in seiner jetzigen Form als Stausee entstand. Erbaut zwischen 1929 und 1932, verfügt der Stau-
damm über eine Kronenlänge von 250 Metern
und eine Gesamthöhe von 63,5 Metern. Mittlerweile wird der See über mehrere Kraftwerksstu-
fen auch mit Wasser aus dem Rhein befüllt. Mit
930 Metern über dem Meeresspiegel ist die Talsperre die höchste in Deutschlands. Der Schluchsee selbst wird gerne mal als größter Stromspei-
cher des Landes bezeichnet. Von Oktober bis Mai
kommt es immer wieder zu Pegelschwankungen,
wenn Wasser zur Stromerzeugung abfließt.

*Vom Ende der Staumauer führt der gekieste Obere Stau-
mauerweg durch den Wald zurück nach Blasiwald.*

EXTRA INFOS:

Der See lässt sich von Mai bis Oktober mit
der ● **MS Schluchsee** befahren. Auf der
Seerundfahrt legt das Ausflugsschiff in
Aha, am Strandbad Schluchsee, bei der
Staumauer und bei Unterkrummenhof an.
Teilstrecken sind ebenfalls möglich. Wer
etwa mit dem Zug anreist, kann mit dem
Schiff von Schluchsee zur Staumauer fah-
ren und die Tour dort starten. Fahrplan
unter www.seerundfahrten.de.

Wer die Tour für eine Bratwurst, Steak oder
Stockbrot unterbrechen möchte, findet am
● **Grillplatz Kohlhütte** dazu Gelegenheit.
Die Hütte kann man auch über die Gemein-
de Ibach (Tel. 07672-842, gemeinde@
ibach-schwarzwald.de) mieten.

KM 10 » ZIEL
**Parkplatz Eisenbreche,
Blasiwald**

*Rekordhalter: Höher als die
Staumauer des Schluchsees liegt
keine andere Talsperre
in Deutschland.*

Unterkrummen

Schluchseeblick

2 Vesperstube Unterkrummenhof

Schluchsee

MS Schluchsee

Bläsiwälder Wasserfalle

Gebirgsbach

Kaiserbucht **3**

VIELE
BADEMÖGLICHKEITEN

Grillplatz Kohlhütte

KÜHLER SCHATTEN UND
PLÄTSCHERNDE BÄCHLEIN

Schluchseeblick

Feldberg-Schluchsee

Wüstengraben

Schluchseeblick

Neuhäuserbächle

Unterer Habsberg
1208

Draiberg

Blasiwald-Sommerseite

Sommerseite

N

0,5   1 KM

AUF EINEN BLICK

>> **Start/Ziel:** Parkplatz Eisenbreche in Blasiwald. Alternativen: Parkplatz Staumauer; Bahnhof Seebrugg

>> **Strecke:** 10 km (Rundtour)

>> **Reine Wanderzeit:** 2 Std. 30

>> **Höhenmeter:** ↗ 180 m ↘ 180 m

>> **Wegbeschaffenheit:** Gut ausgebaute Sand- und Schotterwege. Zwischendurch kurze Strecken auf Asphalt. Lange Schattenpassagen durch Wald. Am Uferweg gibt es immer wieder sonnige Abschnitte.

>> **Beste Zeit:** Auch im Hochsommer ist der See noch erfrischend kühl, an manchen Tagen kann dann allerdings viel los sein.

>> **Ausrüstung:** Grillzeug oder Picknick für unterwegs. Ausreichend zu trinken und Sonnenschutz. Badesachen.

Freiburger Straße

Spasspark Hochschwarzwald

Bergacker

Schluchsee

Natur

Lindenstraße

Birkenweg

Campingplatz Wolfsgrund

Sankt Nikolaus

Strand Amalienruhe

Amalienruhe

MS Schluchsee

Picknickplatz mit Seeblick

4

Unterkrummenweg

1000

TOLLER WEG AM UFER

Feldbergblick

Seehalde 1020

1 Habsbergschanze Blasiwald

WUNDERSCHÖNER WALDWEG

Blasiwälder Hof

der Staumauer

5 Kiosk an der Staumauer

6 Talsperre Schluchsee

Strandbad Seebrugg

Seebrugg

Blasiwald Eisenbreche

Seebrugg

START & ZIEL Parkplatz Eisenbreche in Blasiwald

Eisenbreche

Kesselbach

1000

Schwarza

Blasiwald

1100

▲ **Wagnersberg 1105**

DIE WANDERPAUSEN

»START
Wanderparkplatz
Wildgehege St. Blasien

KM 2,6
1 Luisenruhe
Über den Dingen

KM 6,9
2 Kneipp-Anlage
Eistauchgang für die Zehen

KM 9,4
3 Hotel-Restaurant Albtalblick
Torten-Stopp

EINMAL 16 UM DEN DOM

Von St. Blasien über den Albstausee zur Windbergschlucht

Staunen, Schlemmen, Wassertreten. Auf schattigen Pfaden zu imposanten Aussichten und versteckten Erfrischungen. In und um St. Blasien gibt's viel zu sehen. Mehr als nur die mächtige Kuppel des Doms. Darauf ein Stück Kuchen!

KM 11,6

4 Windbergschlucht
Im finstren Grund

KM 13,6

6 Café Rosalie
Gut beschirmt genießen

KM 13,4

5 Dom St. Blasius
Prachtvolle Mogelpackung

KM 14,6 » ZIEL
Wanderparkplatz
Wildgehege St. Blasien

DER CHARME EINES MONDÄNEN KURORTES ...

... umweht das beschauliche St. Blasien heute noch. Auch wenn die Zeiten, als Berühmtheiten aus aller Welt im Schatten des mächtigen Kuppelbaus flanierten, zugegeben schon lange zurück liegen. Sehr lange. Bereits 1882 eröffnete der umtriebige Winzerspross Otto Hüglin das Kurhaus und setzte damit den Grundstein für den Aufschwung der kleinen Schwarzwaldstadt zum Kurort mit Weltruhm. Von Mitte der 1880er-Jahre bis nach dem Ersten Weltkrieg logierte hier, was Rang und Namen hatte. So gaben sich Promis wie Max von Baden, Hugo Stinnes, Stefan Zweig, Heinrich Mann und Maxim Gorki hier die Ehre. Letzterer übrigens auf Empfehlung Lenins, der auch hier kurte.

Ein heilklimatischer Kneipp-Kurort ist St. Blasien bis heute. Allerdings geht es mittlerweile nicht mehr ganz so mondän zu. Ein beliebtes Ausflugsziel ist das Städtchen aber immer noch. Davon zeugen zahlreiche hübsche Cafés und Restaurants. Im Zentrum wird's bisweilen sogar recht trubelig. Vor Kaffeefahrten- und Reisegruppen weicht man geschmeidig in die umliegenden Wälder aus. Ein paar Schritte und die Bäume schlucken sowohl Verkehrslärm als auch Touri-Geschnatter.

IN DER SONNE AN BIZARR GEFORMTEN FELSEN ENTLANG HINAB INS TAL

Rasch gewinnt man an Höhe und blickt schließlich von der **Luisenruhe** auf das enge Tal der Alb. Seit 1813 nutzte bereits das Kloster St. Blasien die Wasserkraft des Flusses. Heute liegt unweit der Stadt der Albstausee, Teil des Pumpspeicher-Netzwerkes der Schluchseewerke. Die wohl schönsten Passagen der abwechslungsreichen Runde um St. Blasien liegen nördlich der Alb. Hier türmen sich schroffe Felsen neben weich-federnden Pfaden. Windgeschützt und von der Sonne verwöhnt, führt die Route oberhalb des Kurortes am Hang entlang. Auch hier zieht die Kuppel des **Doms** immer wieder die Blicke auf sich.

Bis es in die schroffe, dunkle **Windbergschlucht** geht. Das Windbergtal ist folgerichtig auch Teil des Schluchtensteigs, der sich in sechs Etappen von Stühlingen bis Wehr knapp 120 Kilometer durch den Schwarzwald zieht. Ganz so weit ist die Tour um St. Blasien dann doch nicht, auch wenn sie zu den längeren Wanderungen dieses Bandes zählt.

Schroffe Felsen erheben sich neben dem Wanderweg steil in die Höhe.

Die Kuppel des Doms von St. Blasien ist das weithin sichtbare Wahrzeichen des Kurortes.

Von Himmelblau bis Algengrün: Der Albstausee beherrscht je nach Pegelstand jeden Farbton.

WANDERN & GENIESSEN

»START

**Wanderparkplatz Wildgehege
St. Blasien**

*Der Muchenländer folgen, kurz hinter der Brücke über die
Alb links halten. Durch das Tor gehen, rechts am Kurpark
vorbei und den Wegweisern des Schluchtensteigs nach
Todtmoos folgen.*

Ein weiblicher Kaisermantel
gibt sich die Ehre.

Von der Luisenruhe überblickt
man St. Blasien und das Tal
der Alb.

KM 2,6

1 Luisenruhe
Über den Dingen

Auf den ersten Metern des Schluchtensteigs
wird's schon mal steil. Der gut zu gehende Pfad
ist jedoch ein Traum. Und oben belohnt dann
ein toller Blick auf St. Blasien mit dem Dom im
Zentrum für die Mühen. Das kleine Plateau ist
bereits seit Ende des 19. Jh. ein beliebtes Ausflugsziel. Die Aussicht schmückte sogar damali-
ge Ansichtskarten, natürlich noch deutlich weniger bebaut als heute. Auf einer drehbaren
Himmelsliege kann sich ablegen, wen der Aufstieg erschöpft hat. Am höchsten Punkt der Luisenruhe stehen neuerdings auch drei über-
dachte, windgeschützte Bänke.

*Der gelben Raute in Richtung Albstausee folgen. Zunächst
auf dem Neumattweg bergab. Anschließend dem Glo-
ckenbächleweg folgen. Dann rechts und die nächste links.
Oberhalb des Albstausees dem Weg folgen, an der Picknickstelle am Albsee vorbei bis zum nächsten Stopp.*

Endlich kalte Füße! Nach dem Abstieg kommt die Kneipp-Anlage wie gerufen.

KM 9,4

3 Hotel-Restaurant Albtalblick
Torten-Stopp

Der Weg nach Häusern führt über eine ordentliche Rampe durch Wald und Wiesen. Oben angekommen, muss man erst einmal gehörig durchschnaufen. Da gucken auch die Kühe auf der angrenzenden Weide ziemlich verdutzt. Die wohlverdiente Stärkung gibt's auf der Sonnenterrasse des Hotels Albtalblick. Während weit unten im Tal der Albstausee in der Sonne glitzert, genießt man die sehr gute Küche des Hotelrestaurants. Kuchenfans und Tortenenthusiasten kommen ebenfalls voll auf ihre Kosten (www.albtalblick.de).

Vom Parkplatz am Hotel-Restaurant Albtalblick rechts. Dem Pfad nach links Richtung St. Blasien folgen.

KM 6,9

2 Kneipp-Anlage
Eistauchgang für die Zehen

Der Albstausee blitzt immer wieder durch die Bäume. Je nach Pegelstand mal blau oder dann auch mal grün vor Algen. Das Baden im Staubecken ist nicht erlaubt. Dafür lockt eine herrliche Kneipp-Anlage zum Wassertreten. Das gemauerte Becken wird von einem plätschernden Brunnen gespeist. Nach dem Abstieg zum Albstausee eine Wohltat für die Füße. Trocknen lassen kann man die schockgefrorenen Füße dann ganz entspannt in der Sonne, die genau auf die Bank der kleinen Anlage scheint.

Zurück zur Picknickstelle am Albstausee. Nun den Wegweisern des Albsteigs folgen. Über den Albseesteg. Dann die Straße überqueren und den Schildern nach Häusern folgen. Scharf links. Die zweite Möglichkeit links. Beim Weiher über die Straße und wieder links.

Nach dem Überwinden der Höhenmeter kommt man auf der Terrasse des Albtalblicks wieder zu Kräften.

An heißen Sommertagen ist die schattige Windbergschlucht eine erfrischende Wohltat.

KM 13,4

5 **Dom St. Blasius**
Prachtvolle Mogelpackung

Ja, richtig gelesen: »Mogelpackung«. Uiuiui … starker Tobak? Nicht doch. Landläufig wird St. Blasiens mächtige Kuppel gerne mal als »Schwarzwälder Dom« bezeichnet. Der Knackpunkt: Für einen Dom braucht's eigentlich auch einen Bischofssitz. Der fehlt jedoch in Sankt Blasien. Rein formal gesehen, ist die ehemalige Klosterkirche also ein Münster. Den Superlativen tut das aber kein Abbruch. 1783 eingeweiht, 35 Meter misst der frühklassizistische Kuppelbau im Durchmesser und wölbt sich in einer Höhe von 62 Metern. In Europa sind einzig der Petersdom in Rom und die St. Paul's Cathedral in London größer (April–Okt. 8.30–18.30 Uhr, Nov.–März 8.30–17 Uhr).

Links zum Kurgarten. Vor der Anlage rechts und gleich nochmal rechts.

KM 11,6

4 **Windbergschlucht**
Im finstren Grund

Gefühlt dringt kaum ein Sonnenstrahl durch das dichte Blätter- und Nadeldach des Schonwaldes um die zerklüftete und tief eingekerbte Windbergschlucht. Das gleichnamige Bächlein wälzt sich von Kaskade zu Kaskade hinab nach St. Blasien, um sich dort in die Alb zu ergießen. Auf seinem Weg bildet der Bachlauf mehrere seichte Becken, bevor er weiter ins Tal gurgelt. Als Pausenbank dienen in der Schlucht dick mit Moos bewachsene Steine. Ans Wasser kommt man überall in der Schlucht. Der Pfad hinauf ist allerdings etwas steinig und kann je nach Witterung rutschig sein. Höhepunkt ist schließlich der Wasserfall in der Oberen Windbergschlucht. Hier klatscht das Wasser aus sechs Metern in die Tiefe. Ein Spektakel!

Den Wegweisern des Albsteigs nach St. Blasien folgen. Rechts und dann links halten. Die Nächste scharf links. Geradeaus über die Wegkreuzung, dann rechts und ins Ortszentrum.

Obwohl der Dom streng genommen eigentlich ein Münster ist, beeindruckt die mächtige Kuppel.

Im zauberhaften Café Rosalie wäre Mary Poppins sicherlich gerne Dauergast.

EXTRA INFOS:

Noch eine Einkehr gefällig? Dafür bietet sich das ● **Hotel Restaurant Klosterhof** mit lauschiger Terrasse, die an die Parkanlage beim Dom grenzt, an. Serviert wird deutsche und italienische Küche (www.klosterhof-stblasien.com).

In unmittelbarer Nachbarschaft befindet sich das Haus des Gastes. Das beherbergt nicht nur die Tourismus-Info von St. Blasien sondern auch ein kleines ● **Museum zur Stadtgeschichte** (Di–So 14.30–17 Uhr).

KM 13,6

6 Café Rosalie
Gut beschirmt genießen

KM 14,6 » ZIEL
Wanderparkplatz Wildgehege St. Blasien

Das hübsche Zentrum um den Dom hat jede Menge Restaurants, Eisdielen und Cafés zu bieten. Aber das wohl süßeste Café liegt treffenderweise im Süßen Winkel und wirkt wie ein liebevoll dekoriertes Esszimmer. Über der großen Terrasse schwebt ein ganzer Schwarm Regenschirme. Ach ja, zu Essen gibt's natürlich auch. Leckerstes aus der Region, Kuchen nach Omas Rezepten und überhaupt »eweng vo allem«. Mit viel Liebe gemacht, versteht sich. Geheimtipp: die herzhafte Quiche. Aber nicht weitersagen! (www.caferosalie.net)

Über die Brücke zur Hauptstraße. Rechts in die Benaue-Menzenschwander-Straße, dann rechts in die Muchenländerstraße und zurück zum Wanderparkplatz.

Unweit des Doms erinnert ein hübscher Brunnen an den Unternehmer Ernst Friedrich Krafft.

START & ZIEL Wanderparkplatz Wildgehege St. Blasien

▲ 1072

Windberghof

Sandbodenhütte

Windbergschlucht 4

ST. BLASIEN

Weißenstein

Klinik St. Blasien

Weissenstein-Klinik

Klosterhof

Café Rosalie 6

Museum zur Stadtgeschichte

5 Dom St. Blasius

Kohlwald-Klinik

Ziegelfeld-Klinik

Silva Nigra

Albtalstraße

Luisenruhe 1

DIE ALPEN LASSEN GRÜSSEN

Luisenruh
Lusthauskopf

Lehenkopf
1039

Katzenweiherhütte

Kneipp-Anlage 2

Lehenmatt Hütte

Albstausee

GRÜNER TUNNEL
DURCH DEN WALD

N

0   0,5   1 KM

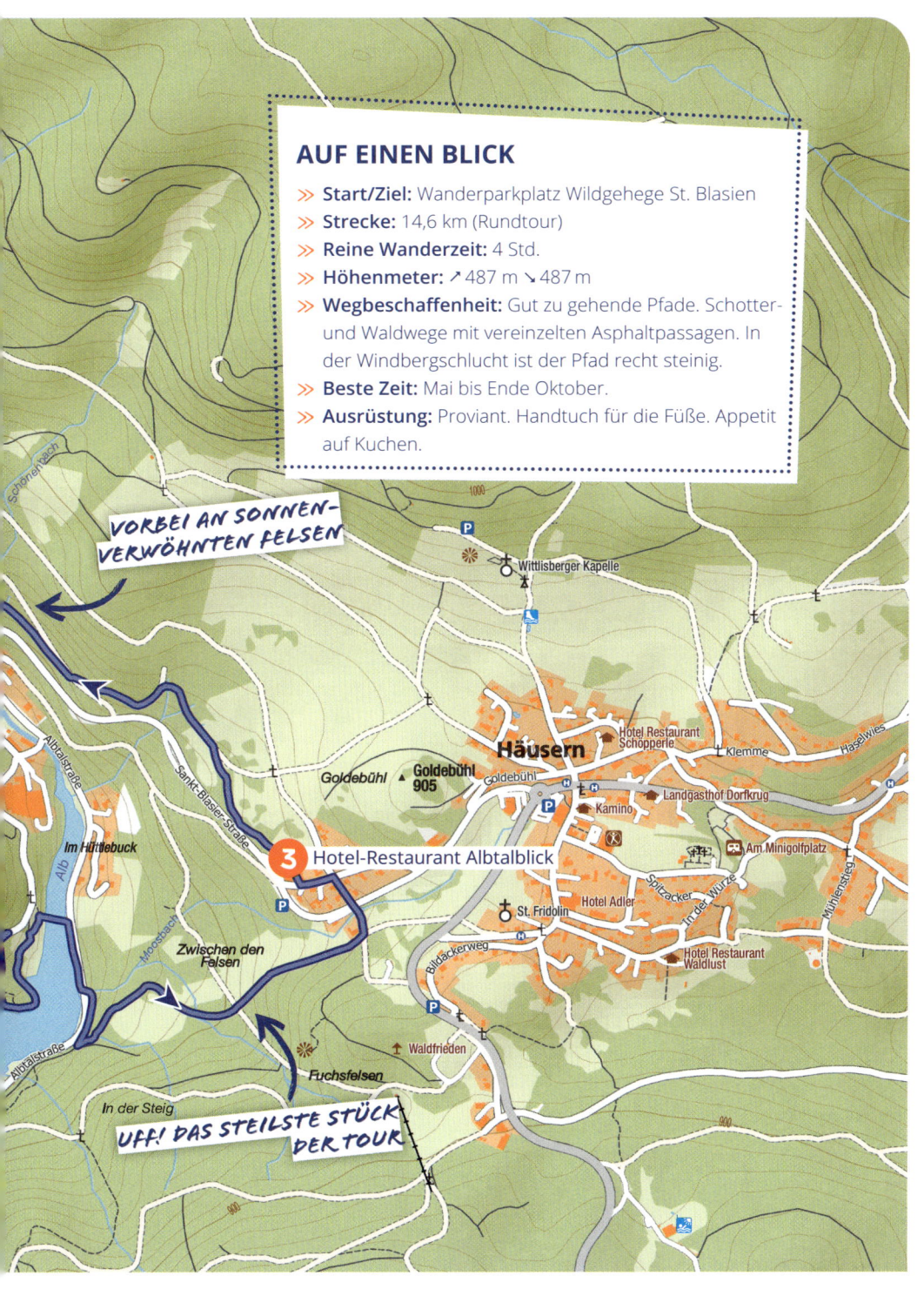

AUF EINEN BLICK

» **Start/Ziel:** Wanderparkplatz Wildgehege St. Blasien
» **Strecke:** 14,6 km (Rundtour)
» **Reine Wanderzeit:** 4 Std.
» **Höhenmeter:** ↗487 m ↘487 m
» **Wegbeschaffenheit:** Gut zu gehende Pfade. Schotter- und Waldwege mit vereinzelten Asphaltpassagen. In der Windbergschlucht ist der Pfad recht steinig.
» **Beste Zeit:** Mai bis Ende Oktober.
» **Ausrüstung:** Proviant. Handtuch für die Füße. Appetit auf Kuchen.

VORBEI AN SONNEN-VERWÖHNTEN FELSEN

Schönenbach

Wittlisberger Kapelle

Hotel Restaurant Schopperle

Häusern

Klemme

Haselwies

Goldebühl ▲ Goldebühl 905

Goldebühl

Landgasthof Dorfkrug

Albtalstraße

Sankt-Blasier-Straße

Im Hüttlebuck

Alb

3 Hotel-Restaurant Albtalblick

Kamino

Am Minigolfplatz

St. Fridolin

Hotel Adler

Spitzacker

In der Würze

Mühlensteig

Zwischen den Felsen

Moosbach

Hotel Restaurant Waldlust

Bildackerweg

Albtalstraße

Waldfrieden

Fuchsfelsen

In der Steig

UFF! DAS STEILSTE STÜCK DER TOUR

DIE WANDERPAUSEN

DURCH DEN MÄRCHEN-WALD

17

Von Todtmoos zur Wehraquelle

Unterwegs im Herzen des Hochschwarzwaldes. Auf verwunschen Pfaden und an sprudelnden Bächen entlang erschließt sich eine märchenhafte Kulisse. Immer wieder gehen die Zehen im frischen Rüttebächle und in der Wehra auf Tauchstation.

KM 6,4

4 Wehraquelle
Tropfen für Tropfen

KM 8,2

5 Brücke im Wehratal
Erfrischungsbad für müde Quanten

KM 9,4

6 Café Bockstaller
Eine Schwarzwälder Kirschtorte bitte

KM 9,8 » ZIEL

Wanderparkplatz
Freibad Aqua Treff Todtmoos

8,2 Km
11,4 Km
2,2 Km

GLÜCKLICHERWEISE GIBT ES IN HOLLYWOOD ...

 ... keine Pläne für eine Blockbuster-Version der Grimm'schen oder Hauff'schen Märchen. Etwa »Rotkäppchen« mit Margot Robbie oder »Das kalte Herz« mit Jack Nicholson als Glasmännlein. Schließlich gibt es für diese Geschichten schlicht keinen besseren Schauplatz als die beiden wunderbaren Flüsschen in den Wäldern um Todtmoos. Während solche Gedankenspiele reines Kopfkino bleiben, entfaltet sich auf dem Weg zur Wehraquelle ein episches Panorama. Schwer bis unmöglich, hier nicht ins Schwärmen zu geraten.

Die Route passiert auf ihrem Weg immer wieder malerische Schwarzwaldhäuser, die mit ihren charakteristisch weit heruntergezogenen Dächern Wind und Wetter trotzen. Beinahe wie von Künstlerhand arrangiert, fügen Sie sich zwischen Weiden, Wälder und Flüsse. Doch schnell lässt die Tour Todtmoos und seine Ausläufer hinter sich. Federnde Pfade schlängeln sich am übermütigen Rüttebächle entlang. Der Geruch von frischem Moos und Tannennadeln kitzelt in der Nase. Farne säumen die mitunter schmalen Pfade. Immer wieder blinzeln darunter Pilze durchs Grün.

AM FLACHEN UFER DER WEHRA DIE FÜSSE VON DEN WANDERSCHUHEN BEFREIEN UND INS KÜHLE WASSER TAUCHEN

Mit seinen gewundenen Straßen wirkt Todtmoos magnetisch auf Motorradfahrer. Unterwegs bekommt man die Biker allerdings so gut wie nie zu Gesicht. Zu hören sind die Kurvenfahrten hingegen zwischendurch immer mal wieder. Da hält auch kurz der Kuckuck inne. Der schönste Abschnitt der Rundwanderung führt von der **Wehraquelle** an dem sprunghaften Flüsslein entlang. Das schlabbert Kaskade für Kaskade gen Todtmoos herab. Am Ende der abwechslungsreichen Runde wartet ein Paradies der Einkehrmöglichkeiten. Von der Pizzeria über den Biergarten bis zur Konditorei ist alles geboten. Eine Auswahl, die auch irgendwie märchenhaft erscheint. Da jauchzen Wandernde.

Und ja, natürlich wäre es ein beispielloser Coup für Todtmoos, schwärmte Jack Nicholson in Interviews auf dem roten Teppich vom malerischen Drehort »Rüttebächle«. Aber hier kommen sie auch ganz gut ohne solchen Ruhm klar. Lieber weniger Rummel und mehr Märchen. Na gut, vielleicht noch ein Stück Schwarzwälder Torte im **Café Bockstaller**. Mehr braucht es im reizenden Tal der Wehra dann aber auch nicht.

Herrlich nostalgische Vorgarten-Deko am Wegesrand.Na, dann mal bitte ein Kännchen!

Draussen nur Kännchen

Eln Bächlein wie im Märchen. Da fehlen nur noch Zwerge oder Waldfeen.

Etwa am höchsten Punkt der Route weichen die hohen Bäume üppigen Wildblumenwiesen.

WANDERN & GENIESSEN

>> START
Wanderparkplatz Freibad Aqua Treff Todtmoos

*Man wendet sich nach links. Den Wegweisern des Lebküch-
lerwegs folgen. Nach der Brücke übers Rüttebächle rechts
Richtung Rütte.*

WER FLIEGT DENN DA?

*Tiefenentspannt brummen hier die
Hummeln von Blüte zu Blüte.*

KM 1,5

Rüttebach Wasserfall
Bühnenreif ins Tal

Die gute Beschilderung lotst zielsicher zum
Todtmooser Wasserfall. Zwischen dem kleinen
Weiler Rütte und Hintertodtmoos fällt das Rüttebächle knapp 40 Meter. Hier geht es an der
höchsten Stelle auf einmal etwa sieben Meter
hinab. Ein Spritzen, Sprudeln und Schäumen.
Immer wieder von Sonnenstrahlen, die durch
das Blätterdach dringen, in Szene gesetzt. Beinahe erwartet man den Beginn eines Schau-
spiels, erinnert die Brücke unmittelbar vor dem
Wasserfall an eine Theaterbühne vor natürlicher
Kulisse. Auf zwei Bänken im Schatten lässt sich
das idyllische Fleckchen ausgiebig genießen.

*Den Schildern nach Todtmoos-Rütte folgen. Vor der Stra-
ße rechts. In Rütte rechts halten. Dann links in die Straße
Am Beerenbühl. Rechts halten und nach den Häusern
rechts den Wegweisern zur Wehraquelle folgen.*

*Auftritt Todtmooser Wasserfall: Das
Schauspiel ist kurz, aber eindrücklich.*

Schatztruhe voller Köstlichkeiten: Nach dem Kuchen gibt's ein Verdauungs-Schnäpschen, bevor es weitergeht.

VERPFLEGUNGS-STELLE DE LUXE

KM 4

 3

Vesperbank am Fallenbodenweg
Picknick mit Fernsicht

Kaum lichtet sich der Wald, protzt der Fallenbodenweg am bewiesten Hang entlang auch schon mit einer gandiosen Aussicht. Gestochen scharf heben sich die umliegenden Hügel und Gipfel mit ihrer gezackten Baumkronen-Skyline gegen den Himmel ab. Hier muss getafelt werden. Wenn's auch keine Tafel gibt, eine Bank kommt wie gerufen. Also: Proviant raus und losgepicknickt. Unterhalb schimmern die Dächer von Rütte zwischen den Bäumen hindurch. Knapp die Hälfte der Tour ist geschafft ... Da ist auch mal ein Nickerchen in der Blumenwiese drin.

Dem Fallenbodenweg folgen. Die Route zur Wehraquelle ist ausgeschildert, also einfach den Wegweisern nach.

KM 2,6

2

Kuchenhaus
Etwas Süßes und ein Schnäpschen

Etwas oberhalb des Weilers Rütte steht unmittelbar am Wanderweg ein Hofladen der etwas anderen Art. Einer Schatztruhe gleich, öffnet sich hier eine massive Holzbox voller Leckereien. Nebst selbst gebackenem Kuchen, Süßigkeiten und Erfrischungsgetränken gibt's zur Stärkung sogar einen Obstler oder einen Likör. Den Obolus einfach in die Kasse des liebevoll bestückten Kuchenhauses legen. Wer möchte, kann den Kuchen gleich hier auf einer Bank an einer kleinen Wehranlage genießen. Nur wenige Meter weiter lockt zudem eine Schaukel zum schwungvollen Hin und her. Und die ist ganz sicher nicht nur für Kinder gedacht.

Der gelben Raute folgen. Am Rüttebächle entlang. Der Pfad kreuzt den schmalen Flusslauf mehrmals. Nach einer kleinen Brücke links. Am rechten Ufer entlang, dann scharf rechts. Auf dem Wirtschaftsweg links und den Schildern zur Wehraquelle nach.

Zur Brotzeit wird ein gehaltvolles Schwarzwaldpanorama unbedingt empfohlen.

Das wird doch nicht? Doch tatsächlich. Kein Zweifel: Die Wehraquelle.

5 Brücke im Wehratal
Erfrischungsbad für müde Quanten

An ihrem Oberlauf fließt die Wehra vergleichsweise gemächlich. Zwar gibt es einige Kaskaden und Wasserfälle, deren Höhe ist allerdings überschaubar. Entlang des malerische Weges bieten sich fortwährend Möglichkeiten, am flachen Ufer des Flusses ins Wasser zu steigen. Das heißt, zumindest die Füße zu baden, denn tief ist die Wehra hier nicht. Dafür kann man bestens kneippen. Ein besonders schöner Platz für das wohlverdiente Erfrischungsbad für die Quanten befindet sich an einer der zahlreichen Holzbrücken über die Wehra, vor der sich eine flache Sandbank gebildet hat.

Weiter auf dem Wehratal Erlebnispfad nach Todtmoos.

4 Wehraquelle
Tropfen für Tropfen

Viel Aufhebens macht die Wehra an ihrer Quelle nicht. Im Gegenteil: Bescheiden sickert sie hier aus dem sandigen Boden. Recht hat sie, wer rennt kriegt oft ja nicht einmal die Hälfte mit. Apropos mitkriegen, wäre da nicht das blankpolierte Schild, das in Großbuchstaben zaunpfahlgleich auf den Wehraursprung hinweist, man könnte die Quelle glatt übersehen. Die Reise der Wehra, an ihrem Oberlauf mitunter Hohwehra genannt, beginnt wie angedeutet nicht gerade rasant, nimmt allerdings rasch an Fahrt auf. Auch wenn sie bis Todtmoos nicht zu einem reißenden Gebirgsbach anschwillt. Nach der Vereinigung mit dem Rüttebächle und weiteren Flüssen strebt die Wehra unaufhaltsam dem Hochrhein zu.

An der Quelle beginnt der Wehratal Erlebnispfad. Dessen Wegweiser führen zuverlässig zurück nach Todtmoos.

Die gemächlich dahinplätschernde Wehra ist fast immer gut zugänglich.

Im Kuchenparadies: Nach der Wanderung hat man im Café Bockstaller die Qual der Wahl.

EXTRA INFOS:

Im Sommer lässt sich die Wanderung sehr gut mit einem Besuch des beheizten Todtmooser ● **Freibads Aqua Treff** am Wanderparkplatz abschließen (Anfang Juni–Ende Sept. tgl. ab 10 Uhr).

Ebenfalls nicht weit entfernt vom Parkplatz ist das ● **Hotel Restaurant Waldwinkel** zu finden. Im hübschen Restaurant werden frische Forellen in vielen Variationen, Wildgerichte und vegetarische Köstlichkeiten serviert (tgl. 9–23 Uhr, www.hotel-waldwinkel.de).

KM 9,4

6

Café Bockstaller
Eine Schwarzwälder Kirschtorte bitte

Im Etappenziel Todtmoos locken zahllose Einkehrmöglichkeiten. Besonders schön sitzt man bei Kaffee und Kuchen auf dem blumenbekränzten Balkon des Cafés Bockstaller. Verfehlen kann man das Café nicht: Auf den letzten Metern des Weges an der Wehra tauchen links bereits seine bunten Sonnenschirme auf. Die Kuchentheke der hauseigenen Konditorei ist ein weiteres Märchen auf dieser Wandertour. Da dürfte für jeden Geschmack das Richtige dabei sein. Wer immer noch schwankt: Die Schwarzwälder Kirschtorte ist ein Gedicht.

Von der Freiburger Straße rechts in die Sankt-Blasier-Straße. Den Schildern Richtung Schwimmbad folgen. Links halten und dem Schwimmbadweg bis zum Parkplatz folgen.

KM 9,8 » ZIEL

Wanderparkplatz Freibad Aqua Treff Todtmoos

Im Tal der Wehra führt die Route über saftige Wiesen und durch sonnendurchflutete Wälder.

IM HERZEN DES SCHWARZWALDES

Oren
1166

Rot-Kreuz-Hütte

Ronischbächle

Schwarzenbächle

Dreibrunnenbächle

Schwarzerstock

Farnberg
1218

Vesperbank am Fallenbodenweg

3

AUF VERWUNSCHENEN PFADEN DURCH PARK

VORBEI AN HÜBSCHEN SCHARZWALDHÄUSERN

Schmidtebächle

Rütte

HERRLICHER PFAD AM BACHLAUF ENTLANG

2 Kuchenhaus

Ebethaldebächle

Graf-Dürckheim-Weg

Birkenweg

Rüttebach

Bernauer Straße

Rüttleweg

1

Am Wasserfall

Rüttebach Wasserfall

Kapellenweg

AUF EINEN BLICK

» **Start/Ziel:** Wanderparkplatz beim Freibad Aqua Treff Todtmoos

» **Strecke:** 9,8 km (Rundtour)

» **Reine Wanderzeit:** 2 Std.

» **Höhenmeter:** ↗ 390 m ↘ 390 m

» **Wegbeschaffenheit:** Gut ausgebaute schattige Waldwege. Anfangs lange Asphaltpassagen. Zwischendurch schmale, aber gut begehbare Waldpfade.

» **Beste Zeit:** Generell von Juni bis September. Besonders schön an heißen Tagen.

» **Ausrüstung:** Proviant fürs Picknick. Badesachen für einen anschließenden Besuch im Freibad.

4 Wehraquelle

5 Brücke im Wehratal

6 Café Bockstaller

START & ZIEL Wanderparkplatz Freibad Aqua Treff Todtmoos

Freibad Aqua Treff

Hotel Restaurant Waldwinkel

AUF EIN FUSSBAD IN DER KÜHLEN WEHRA

Kirche des guten Hirten

Todtmoos

Hintertodtmoos

Am Rüttebach

Strick

DIE WANDERPAUSEN

»START
Bahnhof Hausen-Raitbach

KM 0,4
1 Hebelhaus
Homestory bei Johann Peter

KM 4,3
2 Sonnige Vesperinsel
Ladestation für Wanderakkus

KM 5,7
3 Aussichtsturm Hohe Möhr
Endlich über tausend!

EIN HAUCH VON BERGSPORT

18

Über die Hohe Möhr von Hausen nach Zell im Wiesental

Falls es auch mal etwas sportlich werden darf, ist diese Tour genau richtig. Sie startet in Hausen auf gut 400 Höhenmetern und überwindet auf dem Gipfel der Hohen Möhr die 1000er-Marke. Ein knackiger Anstieg! Zur Belohnung gibt's ein herrliches Gipfelpanorama.

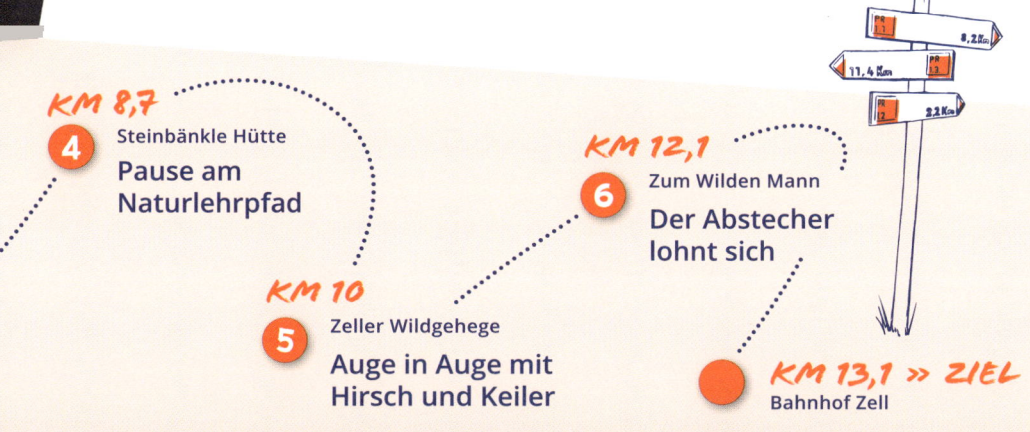

KM 8,7

4

Steinbänkle Hütte

Pause am Naturlehrpfad

KM 10

5

Zeller Wildgehege

Auge in Auge mit Hirsch und Keiler

KM 12,1

6

Zum Wilden Mann

Der Abstecher lohnt sich

KM 13,1 » ZIEL

Bahnhof Zell

8,2 Km

11,4 Km

2,2 Km

EIN RINGEN MIT DER LIEBLICHKEIT

Zwischendurch wandern die Gedanken immer wieder zu Johann Peter Hebel (1760–1826): »Der Himmel ist nirgends so blau, und die Luft nirgends so rein, und alles so lieblich und so heimlich als zwischen den Bergen von Hausen.« Der alemannische Dichter verbrachte einen Teil seiner Kindheit in Hausen, anscheinend hatte er gute Erinnerungen an den Ort. Doch auf dem Weg rauf zur Hohen Möhr, dem Gipfel zwischen Hausen und Zell im Wiesental, ist einem mitunter gar nicht »so lieblich und heimlich« zumute. Da hat man eher Puls. Weil die Wege und Pfade durch den Wald stetig bergauf gehen, mehr als anderthalb Stunden lang. Ein sportlicher Anstieg. Doch mit der Luft, da hat er recht, der Herr Hebel, sie schmeckt wirklich rein – das ist ja das Schöne am Draußensport.

Den oben zitierten Spruch von Hebel haben die Hausener am Ortseingang auf ein Stromverteilerhäuschen geschrieben. Etwas weiter drinnen im Ort steht das **Hebelhaus,** ein liebevoll herausgeputztes kleines Heimat- und Literaturmuseum, erbaut 1703. Man ist stolz auf seinen Dichter, gar keine Frage. Nur als Bergführer ist er keine Hilfe, da bringen einen die Lieblichkeiten auch nicht weiter. Der Schwarzwaldverein schon eher, denn der hat vor mehr als 130 Jahren den **Aussichtsturm auf der Hohen Möhr** erbaut. Und der ist mal echt motivierend! Immerhin bildet er die Bergankunft auf unserer Tour, seine sagenhafte Rundumsicht ist die Mühen allemal wert. Auf dem Weg dorthin stehen etliche **Vesperinseln** und Pausenbänke in der Landschaft, die sich an gleich mehreren Aussichtspunkten als wahrlich idyllisch entpuppt.

FAST SCHON ÜBERRASCHEND TAUCHT ZWISCHEN DEN BÄUMEN DER AUSSICHTSTURM AUF. ENDLICH OBEN!

Vielleicht liegt es am sportlichen Anstieg, doch der Weg hinauf ist auch ein einsamer, kaum eine Menschenseele weit und breit. Da hat man den Wald, den Berg und den Sport für sich. Zum Glück geht es aber irgendwann auch nur noch bergab – wann hört man sich das schon mal sagen! Im Anschluss an die Turmbesteigung schlängeln sich die Pfade durch den Wald runter Richtung Zell. Die Luft ist immer noch rein. Und Schritt für Schritt wird einem tatsächlich lieblicher zumute. Eigentlich hat er ja wirklich recht, der Herr Hebel.

Auf schmalen Pfaden durch den Wald. Während des Anstiegs ist der Schatten ein Segen.

Hauſen Wieſental

Gott wilche im Hebeldorf

Das Hebelhaus zählt natürlich zu den wichtigsten Sehenswürdigkeiten im »Hebeldorf« Hausen.

Zwischendurch gibt der Wald den Blick frei für traumhafte Aussichten.

WANDERN & GENIESSEN

» START
Bahnhof Hausen-Raitbach

Vom Bahnhof erstmal über die Wiesenbrücke hinein nach Hausen.

Das Hebelhaus und -museum in der Mitte des Ortes wird sorgsam in Schuss gehalten.

KM 0,4

1 Hebelhaus
Homestory bei Johann Peter

In dem sorgsam renovierten Fachwerkhaus aus dem 16. Jh. verbrachte der alemannische Dichter, Lehrer und Theologe Johann Peter Hebel einen Teil seiner Kindheit. Glaubt man seinen späteren Aufzeichnungen, war es für ihn ein Ort mit wertvollen Erinnerungen. Inzwischen ist das Haus ein Heimat- und Literaturmuseum, im Obergeschoss kann man die Wohnung besichtigen, in der Hebel und seine Familie einst gewohnt haben. Und durch das Werk des Dichters stöbern, das Museum präsentiert Briefe und Bücher von ihm ebenso wie Infos über die Lebensumstände der Menschen in der zweiten Hälfte des 18. Jh. (www. hebelhaus-hausen.de).

Vom Hebelhaus zurück zum Bahnhof, dort dem Wegweiser Richtung Hohe Möhr folgen (gelbe Raute). Rechts in den Alzenbühlweg, dann bergauf. Am »Hausener Hauweg« dem Trampelpfad ins Unterholz folgen. Immer weiter den Schildern zur Hohen Möhr und der gelben Raute nach.

Wenn die Natur sich den Aussichtsplatz zurückholt: Wo einst Panorama war, wachsen jetzt Tannenbäume.

Oben auf der Hohen Möhr wartet das Turmbuch auf die Gipfelbezwinger.

KM 4,3

2

Sonnige Vesperinsel
Ladestation für Wanderakkus

An einer Wegverzweigung ist Zeit für eine Pause. Etwas abseits steht eine kleine Vesperinsel, die hier mal aufgebaut wurde, um den Weitblick Richtung Süden zu feiern. Inzwischen haben aber junge Bäume die Insel umzingelt, durch die eine warme Nachmittagssonne bricht. Man muss also mindestens Basketballer sein und auf dem Tisch stehen, um eine Aussicht zu haben. Macht aber nichts, ein idyllisch-ruhiger Ort ist es allemal. Und weil es bis zum Gipfel noch ein steiles Wegstück ist, sollten die Wanderakkus hier nochmal mit Leckereien aus dem Rucksack befüllt werden.

Auf dem schmalen Weg zwischen den Bäumen bleiben, immer der gelben Raute zur Hohen Möhr nach. Im Zweifel geht es immer bergauf ...

KM 5,7

3

Aussichtsturm Hohe Möhr
Endlich über tausend!

Nach mehr als anderthalb Stunden stetigen Steigens taucht er zwischen den Bäumen auf: der Aussichtsturm Hohe Möhr! Im Jahr 1893 vom Schwarzwaldverein erbaut, lupfen sich Wandernde in seinem Inneren auf über 1000 Höhenmeter. Die Hohe Möhr selbst ist 989 Meter hoch, der Turm weitere 30. Die 145 Stufen zur Aussichtsplattform sind jetzt ein Klacks. Oben angekommen, eröffnet sich ein sagenhafter Rundumblick. In südlicher Richtung erheben sich die Schweizer Alpen, in nördlicher grüßt der Feldbergrücken, zu Füßen liegen Schopfheim und Zell. Wer mag, verewigt sich im Gipfelbuch. Unten am Eingang die Spende für den Schwarzwaldverein nicht vergessen, er sorgt dafür, dass diese Bergankunft erhalten bleibt.

Dem Weg wie gekommen wieder hinunter folgen. Dort, wo vom Hauptweg die gelbe Raute links runter abgeht, auf dem Hauptweg bleiben. An einer auffallend dicken Tanne links runter dem Pfad folgen. An der Weggabelung am Hochsitz links hoch, bald darauf den Trampelpfad rechts runter nicht verpassen. An der Schutzhütte Raitbacher Höhe dem Schild zum Wildgehege folgen.

KM 8,7

④ Steinbänkle Hütte
Pause am Naturlehrpfad

Es ist mal wieder Zeit für eine Pause. In diesem Fall handelt es sich jedoch mehr um einen Unterstand als eine bewirtschaftete Hütte. Hier wird nur serviert, was man im Rucksack hat. Die Hütte selbst bietet seit mehr als 50 Jahren Obdach, vor dem Eingang informiert eine Tafel über Douglasien, die vor bald 200 Jahren aus den Rocky Mountains zu uns kamen. Der Weg ist jetzt nämlich ein Naturlehrpfad, der sich auf den folgenden Kilometern unter anderem auch Luchs, Wolf, Spinne, Buche und Kolkrabe widmet. Außer den Buchen machen sich die Vorgestellten allerdings leibhaftig ziemlich rar. Ist wahrscheinlich auch besser so ...

Weiter geht's links runter an der Hütte vorbei. Vorsicht, sobald am linken Wegesrand ein Schild Natur-Lehrpfad auftaucht: An der Stelle geht rechts ein unscheinbarer Trampelpfad ab, diesen nehmen.

Nur dem Namen nach wild: Die Einkehr der sympathischen Familie Hassler.

Wie sich das für einen Natur-Lehrpfad gehört, unterweist er die Wanderer in heimischen Gewächsen.

KM 10

⑤ Zeller Wildgehege
Auge in Auge mit Hirsch und Keiler

Am Wegesrand breitet sich bald das Zeller Wildgehege aus. Grunzend wird man von den Wildschweinen begrüßt. Schwarz-, Dam- und Rotwild sind hier im Zeller Stadtwald zu Hause. Mitunter sind die Tiere alles andere als scheu, neugierig nähern sie sich den Besuchenden. Glücklicherweise ist ein Zaun dazwischen, denn von manchem kapitalen Keiler oder Hirsch wünscht man sich dann doch, dass er einem lieber nicht auf die Pelle rückt. Eindrucksvolle Tiere sind es allemal! Mittendrin stehen zwischen den Gehegen Tische und Bänke für eine kleine Vesperpause zur Verfügung – mit schönem Blick über die Weiden –, eine Toilette gibt es ebenfalls.

Hinter dem Wildgehege der gelben Raute auf den Wegweisern Richtung Zell Bahnhof folgen. Vor den Toren der Stadt die Bundesstraße, dann die Wiese überqueren und in Zell rechts in die Schönauer Straße einbiegen. Ihrem Verlauf etwa zehn Minuten folgen.

KM 12,1

6

Zum Wilden Mann
Der Abstecher lohnt sich

Der Wilde Mann entpuppt sich als äußerst familienfreundlich und präsentiert eine Karte, die nach 14 anstrengenden Wanderkilometern alle wichtigen Fragen beantwortet: Vom salatreichen Fitnessteller über ein herzhaftes Vesper bis zum üppigen Cordon Bleu oder frischen Lachs reicht das Küchenprogramm der gastgebenden Familie Hassler. Für Kinder gibt es eine eigene kleine Karte. Man sitzt draußen im Biergarten vor dem Haus oder in dem in frischen Grüntönen gehaltenen Gastraum, dessen Ambiente so einladend wie traditionsverbunden wirkt. Dafür lohnen sich die paar Extrameter durch die Schönauer Straße nochmal richtig! (Do–So, www.wilden mann-zell.de).

Die Schönauer Straße zurück und bis zum Bahnhof (ca. zehn Minuten), von dem alle halbe Stunde der Zug zurück nach Hausen-Raitbach abfährt. Dauer der Zugfahrt: drei Minuten.

EXTRA INFOS:

Ob Heim- oder Fabrikarbeit, die Herstellung von Textilien und Garnen war einst ein lebenswichtiger Erwerbszweig für die Einheimischen. In Zell informiert das ● **Wiesentäler Textilmuseum** über die Geschichte des Handwerks an Originalwebstühlen und Webmaschinen (www.wiesentaeler-textilmuseum.de).

Jetzt holt sich jeder noch ein Eis: Direkt am Bahnhof Zell lockt die ● **Gelateria Marilena** mit verführerischen Eisbechern – und großer Auswahl für paar köstliche Kugeln auf die Hand.

KM 13,1 » ZIEL
Bahnhof Zell

Wo Licht ist, ist auch Schatten: Weitläufig breiten sich die Gehege der Tiere im Bergwald aus.

AUF EINEN BLICK

» **Start:** Bahnhof Hausen-Raitbach

» **Ziel:** Bahnhof Zell im Wiesental

» **Strecke:** 13,1 km (Streckentour)

» **Reine Wanderzeit:** 3 Std. 30

» **Höhenmeter:** ↗ 602 m ↘ 577 m

» **Wegbeschaffenheit:** Waldpfade, Forstwege, Asphaltstraßen.

» **Beste Zeit:** Von Frühling bis Herbst.

» **Ausrüstung:** Ausreichend Proviant im Rucksack, ggf. Wechselkleidung für Restaurantbesuch am Ende.

Katholische Kirche Mariä Himmelfahrt Atzenbach

Atzenbach

Restaurant Zum Wilden Mann

Wiesentäler Textilmuseum

6

Katholische Kirche St. Fridolin

ZUM ABSCHLUSS NOCH EIN KLEINER STADT-SPAZIERGANG

Möhrenstraße

Gelateria Marilena

Bahnhof Zell **ZIEL**

ZELL IM WIESENTAL

3 Aussichtsturm Hohe Möhr

DER BUCHENWALD IST VOR-
ALLEM IM HERBST
EIN TRAUM

2 Sonnige
Vesperinsel

Steinmannshütte

Nesselgrabenhütte

SCHWEISSTREIBENDER
ANSTIEG IM SCHATTEN
DER BÄUME

Grillhütte

Scheuermatt

Blumberg

Burgholz

Kehrengraben

Kehrengraben

Turmhölzle

Raitbach

5 Zeller Wildgehege

Eselgraben

Hausen-Raitbach
Bahnstation

Bahnhof Hausen-Raitbach

START

4 Steinbänkle Hütte

DORFBUMMEL AUF
DICHTERSPUREN

Bundesstraße

Hausen im Wiesental

1 Hebelhaus

Täubin

Gresgen

N

1 KM

0.5

DIE WANDERPAUSEN

>> START
Parkplatz Bahnhof Kandern

KM 0,1
(1) Kandertalbahn
Unterwegs im Chanderli

KM 1,6
(2) Rastplatz Wolfsschlucht
Auf 'ne Grillwurst in der Schlucht

KM 2,7
(3) Brudersloch
Bleibe für Aussteiger

WO'S 19 CHANDERLI SCHNAUFT

Durch die Wolfsschlucht bei Kandern

Ungezügelte Natur trifft am südlichen Rand des Schwarzwaldes auf Eisenbahnromantik. Zwischen bizarr geformten Felsen führt die Route durch unberührte Wälder und zur Krönung alle einsteigen zu einer nostalgischen Spritztour mit der Museumsbahn im Kandertal.

KM 4,7

4 Gasthaus Hirschen

Bilderbuch-Biergarten

KM 6,4

5 Westblick

Den Vogesen so nah

KM 9,6

6 ChaBah

Wo der Blues rockt

KM 9,7 » ZIEL
Parkplatz Bahnhof Kandern

OB ES TATSÄCHLICH WÖLFE WAREN ...

 ... die der außergewöhnlichen Felsenlandschaft zu ihrem Namen verhalfen? Möglich. Aber genauso gut könnte auch einfach nur der Wind heulend durch die hohen Felswände gepfiffen haben. Einerlei, denn die moosüberwucherten Felsnadeln, Findlinge und Steilwände in der Wolfsschlucht sind bizarrer geformt, als eine Herleitung ihres Namens je ausfallen könnte. Die skurrilen Steingestalten, die sich in der Schlucht nur wenige Wanderminuten südlich des Örtchens Kandern aufeinandertürmen, gehören sicherlich zu den spektakulärsten Formationen des Schwarzwaldes. Es wirkt beinahe so, als laufe er hier am Übergang zum Markgräflerland nochmals zu Hochform auf.

In der Schlucht ist es überraschend kühl. Nur vereinzelt sickern Sonnenstrahlen durch das dichte Laub. Der Wald darf hier wachsen. Dementsprechend urtümlich und wildromantisch präsentiert sich die Wolfsschlucht. Es riecht nach Harz und Tannennadeln. Aus der Ferne dringt eine Art Heulen. Erst leiser, nach und nach lauter. Die kleine **Kandertalbahn,** von den Einheimischen auf Alemannisch liebevoll Chanderli genannt, prustet, schnauft und ächzt in unmittelbarer Nähe vorbei. Mit ihrer Pfeife kündigt sich die historische Dampflok schon von Weitem an. Ein grandioser Anblick, nicht nur für Wandernde mit Modelleisenbahn-Hintergrund.

AN DEN FELSENGEBILDEN UND BEMOOSTEN STEINGESTALTEN IN DER WOLFSSCHLUCHT KANN MAN SICH GAR NICHT SATTSEHEN

Felsen, Urwald und Dampfloks sind allerdings noch längst nicht alles auf dieser abwechslungsreichen Runde. Sobald die Bäume weichen, fällt der Blick auf eine idyllische Landschaft voller Streuobstwiesen, Weinberge, pittoresker Dörfer und Bauerngärten. Grillen zirpen irgendwo in den Trockensteinmauern und dicke Hummeln brummen beschwingt durch die Luft. Kein anderes Geräusch im Paradies. Im verschlafenen Ort Holzen lockt das **Gasthaus Hirschen,** eine herrlich schattige Gartenwirtschaft mit regionalen Köstlichkeiten. Da gibt es kein Überlegen. Sitzt man einmal zusammen, will man gar nicht mehr weg. Hier wissen sie, wie man das Leben genießt. Mit gutem Essen und noch besseren Weinen.

Nein, nicht die gute alte Emma, sondern das unverwüstliche Chanderli.

Immer der Raute nach! Die Wegweiser lotsen zuverlässig durch die Schlucht.

Garten Wirtschaft

Schattige Oase: Der herrliche kleine Biergarten im Gasthaus Hirschen.

WANDERN & GENIESSEN

>> **START**
Parkplatz Bahnhof Kandern

Der Bahnsteig ist bereits zu sehen.

NÄCHSTER HALT KANDERN

Bahn frei, hier kommt's Chanderli! Unterwegs mit der Museumsbahn.

KM 0,1

1 Kandertalbahn
Unterwegs im Chanderli

Die historische Dampflok ist ein Prachtstück. So-lange der Zug am Gleis steht, kann man ihn auch von innen besichtigen. Mitfahren ist kein Muss, aber ein großer Spaß. Die Nebenstrecke diente vornehmlich dem Güterverkehr aus den umlie-genden Steinbrüchen. Bereits 1985 stillgelegt, ist das Chanderli nun als reine Museumsbahn un-terwegs (1. Mai–29. Okt. So 3x tgl. zwischen Kan-dern und Haltingen). Ein Highlight sind die Son-derfahrten des Weinexpresses im Mai. Im Dezember gibt es Sonderfahrten mit Weih-nachtszügen (www.kandertalbahn.de).

Am Bahnhofsparkplatz links in die Schützenstraße, dann links in den Böscherzenweg. Der führt in die Wolfsschlucht.

Über uralte Steintreppen geht es durch die Wolfsschlucht.

Rast am Rost. Schön gelegene Pausenbank in der Schlucht.

KM 2,7

③ Brudersloch
Bleibe für Aussteiger

Keine Schlucht im Schwarzwald ohne Sage. In der Wolfsschlucht liefert das Brudersloch ebendiese. Ein Mönch soll hier angeblich in der kleinen Höhle im Fels gehaust haben. Aber nicht irgendein Mönch! Wäre wohl kaum eine Sage wert. Nein, ein Mönch mit einem Fläschchen, mit dem er Kieselsteine in Gold verwandeln konnte. Zumindest die Wahl der Bleibe macht da Sinn: Hier gibt es Kiesel und vor allem dicke Wackersteine en masse! Zum kleinen Kalkstein-Appartement führt ein schmaler Pfad mit einem Geländer hinauf. Ein kleines Schild am Wegrand weist die Richtung. Allerdings sollte man wirklich nur hinaufkraxeln, wenn es trocken ist. Bei Regen oder gar Schnee wird der Weg zu rutschig.

Links. Links halten und den Schildern nach Holzen folgen. Von hier rechts und immer der gelben Raute nach. An der Grillhütte Göschweiler rechts. Orientierung bieten auch die Wegweiser nach Rötenbach.

KM 1,6

② Rastplatz Wolfsschlucht
Auf 'ne Grillwurst in der Schlucht

Immer wieder führt der Weg durch Engstellen und über bemooste Steintreppen. Dann öffnet sich hinter einem besonders dicken Brocken eine Lichtung, Holzbänke und Grillstelle inklusive. Hier ist es auch im Sommer angenehm kühl. Perfekt für eine zünftige Brotzeit mit Grillwurst oder Stockbrot. Wer sich umschaut, während die Wurst gart, entdeckt unter Umständen Hufeisen, die in die umliegenden Bäume geschlagen wurden. Weder optische Täuschung noch mysteriöses Ritual. Vielmehr das Vermächtnis einer Kosaken-Einheit, die im Zweiten Weltkrieg in der Schlucht lagerte und an den Hufeisen ihre Pferde anband. Gucken. Staunen. Und schon ist die Wurst fertig.

Dem Wolfsschluchtweg folgen, an der nächsten Kreuzung links. Dann erneut links. Zum Brudersloch link vom Weg gibt's einen Wegweiser. Seenplatte weiter folgen.

Obwohl Altbau, sind die Decken im Brudersloch sehr niedrig. Achtung: Beulengefahr!

Einkehr auf Alemannisch. Im Hirschen genießt man regionale Leckerbissen wie Zwiebelwaie.

KM 6,4

5

Westblick
Den Vogesen so nah

Nach all den Schwarzwaldgipfeln ist der Kamm der Vogesen am Horizont im Westen eine erfrischende Abwechslung. Der Grand Ballon sticht als höchster Gipfel des französischen Mittelgebirges deutlich hervor, sodass man ihn auch ohne Gipfelfinder-App mühelos zuordnen kann. Beim Hartmannswillerkopf, dem Amselkopf und dem Molkenrain wird das schon erheblich schwieriger. Also in Ruhe hinsetzen, durchatmen, Thermoskanne raus, Käffchen und dann eine Runde Gipfel-Raten spielen.

Dem Weg weiter folgen. Bei der Gabelung nach der Kreuzung links halten. Rechts. Zweimal links halten. Geradeaus. Rechts. Dem Weg folgen bis zur Schützenstraße, die zurück zum Bahnhof führt.

KM 4,7

4

Gasthaus Hirschen
Bilderbuch-Biergarten

Wie gerufen kommt der herrlich schattige Biergarten des Gasthaus Hirschen im Dorf Holzen. Schlicht unmöglich, einfach vorbeizugehen. Schon seit 1783 gibt's hier alemannische Leckerbissen und Spezialitäten aus der Region. Damit ist der Hirschen einer der ältesten Gasthöfe im Markgräflerland. Landsknechte sitzen hier trotzdem keine mehr rum. Passend zur Küche ist natürlich auch die Speisekarte alemannisch: Zwiebelwaie, Hirschbrägel, Schüffeli, Cheesspätzle … das sympathische Team hilft glücklicherweise jederzeit und gerne als Übersetzer aus. Eine Reservierung oder zumindest eine Vorankündigung kann nicht schaden (www.hirschen-holzen.de).

Zurück in die Brunnenstraße. Links. Rechts in die Straße Im Rebacker. Rechts halten. Links. Scharf links. Rechts halten und dem Weg am Waldrand folgen.

Höhenzug. Am Horizont zeichnen sich die Gipfel der Vogesen ab.

Italienische Köstlichkeiten gegen den Hunger und Leckerbissen für die Ohren.

EXTRA INFOS:

Der Wald um die Wolfsschlucht ist ein sogenannter **Schonwald**. Axt und Kettensäge kommen hier nur selten zum Einsatz. Beispielsweise, wenn der Weg blockiert sein sollte. Nach stürmischen Gewitternächten kann schon mal ein Baum querliegen.

Die Züge der **Kandertalbahn** können auch für Veranstaltungen oder Feiern wie Hochzeiten und Geburtstage gebucht werden.

KM 9,6

6 ChaBah
Wo der Blues rockt

KM 9,7 » ZIEL
Parkplatz Bahnhof Kandern

Geradezu perfekt für den Abschluss der Tour liegt das ChaBah mit seiner Terrasse in direkter Nachbarschaft zum Bahnhof Kandern. Wie wär's mit einem kühlen Bier an rustikalen Holztischen im Biergarten oder einem Cocktail in der stylischen Kneipe? Wer die Wahl hat, hat die Qual. Serviert werden italienische Spezialitäten. Aber hier gibt's nicht nur gute Pizzen, hier gibt's auch richtig Gutes auf die Ohren: Schon fünf Mal wurde das ChaBah von den German Blues Awards zum besten Blues-Club Deutschlands gewählt. Chapeau! (www.chabah.de)

Parkplatz und Busbahnhof sind direkt gegenüber.

Hü Hüpf! Auf der Route macht auch Flip, der Grashüpfer, große Augen.

MIT BLICK FÜRS DETAIL: ES GIBT VIEL ZU SEHEN

AUF EINEN BLICK

>> **Start/Ziel:** Parkplatz Bahnhof Kandern, alternativ: Busbahnhof Kandern
>> **Strecke:** 9,7 km (Rundtour)
>> **Reine Wanderzeit:** 2 Std. 30
>> **Höhenmeter:** ↗ 290 m ↘ 290 m
>> **Wegbeschaffenheit:** Gut befestigte Waldpfade. Einige Asphalt- und Schotterpassagen mit moderater Steigung.
>> **Beste Zeit:** Im Frühjahr bietet die Obstblüte auf den Streuobstwiesen einen großartigen Anblick. Während der Sommermonate ist es in der Wolfsschlucht angenehm kühl.
>> **Ausrüstung:** Grillgut (vielleicht auch etwas Grillkohle – sicher ist sicher).

Gasthaus Sonne

Ortsstraße
Lettenweg
Im Gässli
Dorfblick

Riedlingen

Mühlehof
Hohlen
Brühl

Große Frohmatt
Unterer Letten
Hasenberg

Palmen
Hasenberg

Reckholder

Michelsmatt

Palmboden

Suffert

5 Westblick
Büttental

Riedlinger Bad

Holzen, Badhof

Feuerbach

VORBEI AM ALTEN STEINBRUCH

Im Rebacker

Holzen

Gasthaus Hirschen **4**

Talstraße

STREUOBSTWIESEN UND BAUERNGÄRTEN

N

0   0,5   1 KM

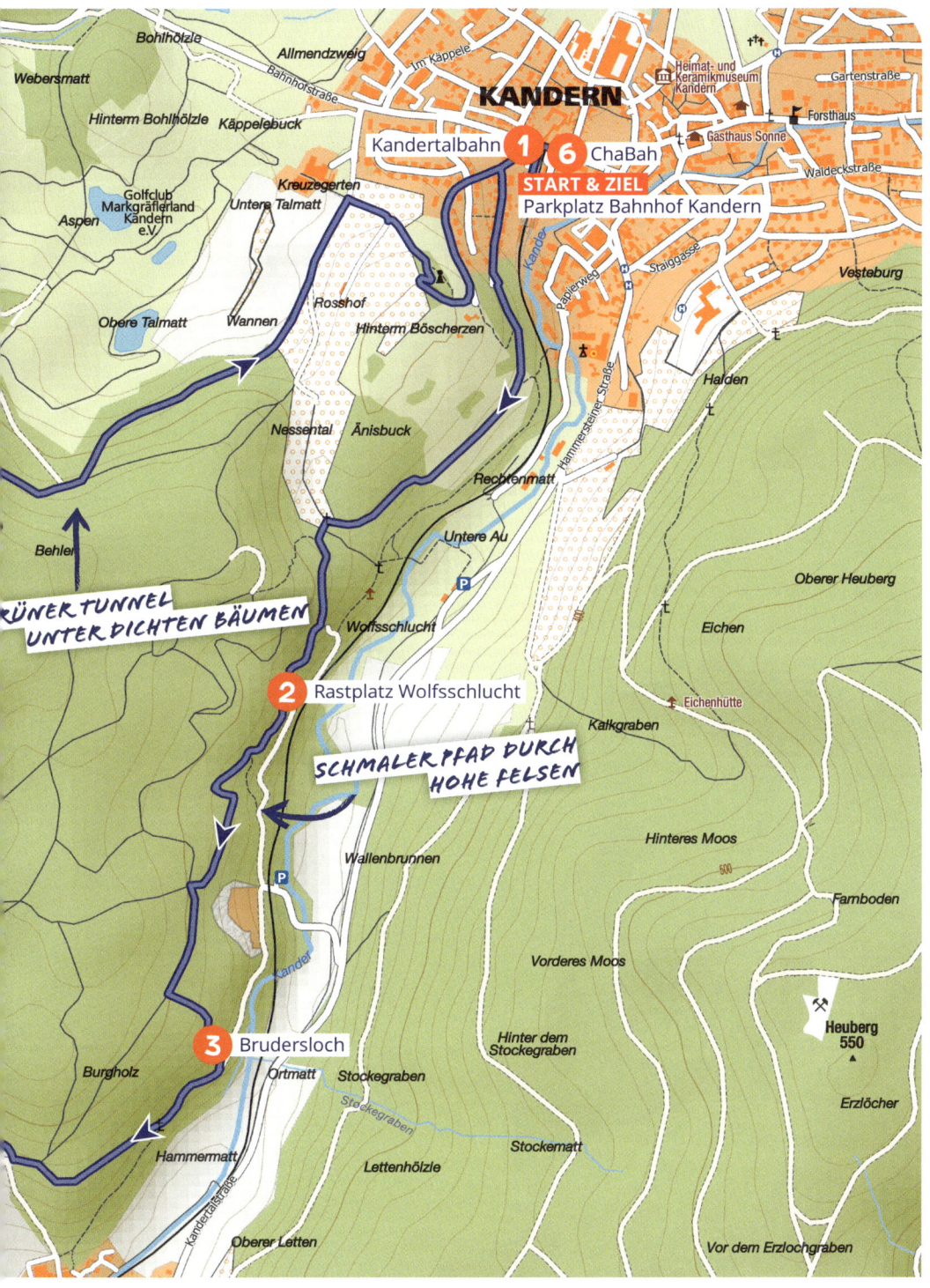

KANDERN

Bohlhölzle
Allmendzweig
Im Käppele
Heimat- und
Keramikmuseum
Kandern
Gartenstraße
Webersmatt
Bahnhofstraße
Forsthaus
Hinterm Bohlhölzle Käppelebuck
Gasthaus Sonne
Kandertalbahn **1** **6** ChaBah
Waldeckstraße
Kreuzegerten
START & ZIEL
Golfclub
Markgräflerland
Kändern
e.V.
Untere Talmatt
Parkplatz Bahnhof Kandern
Aspen
Staiggasse
Vesteburg
Obere Talmatt Wannen
Rosshof
Papierweg
Hinterm Böscherzen
Halden
Nessental Änisbuck
Rechtenmatt
Untere Au
Behler
Oberer Heuberg
ÜNER TUNNEL
UNTER DICHTEN BÄUMEN
Wolfsschlucht
Eichen
Eichenhütte
2 Rastplatz Wolfsschlucht
Kalkgraben
SCHMALER PFAD DURCH
HOHE FELSEN
Hinteres Moos
Wallenbrunnen
Famboden
Vorderes Moos
Heuberg
550
3 Brudersloch
Hinter dem
Stockegraben
Burgholz
Ortmatt Stockegraben
Erzlöcher
Stockegraben
Stockematt
Hammermatt
Lettenhölzle
Oberer Letten
Vor dem Erzlochgraben

DIE WANDERPAUSEN

»START
Parkplatz Flugplatz
Hütten-Hotzenwald

KM 2,3
2 Bank am Heidenwuhr
Wasser-Marsch

KM 7,3
3 Rheinblick
Alles im Fluss

KM 1,3
1 Im Märchenwald
Waldbaden

WASSER TRETEN IM WUHR

20

Am Heidenwuhr durch den Hotzenwald

Trockenen Fußes ans Ziel? Bei einer Tour entlang der flachen Heiden-wuhr im mystisch-schönen Hotzenwald will das eigentlich niemand. Zu verführerisch lockt das klare Wasser. Die Zeit spielt unterwegs ohnehin keine Rolle, selbst wenn, ist sie schnell vergessen.

KM 8,3

4 Wallmauer
Schicht für Schicht

KM 9,5

5 Klingenfelsen
Picknickbank über den Dingen

KM 11,5

6 Fliegerklause
Über den Wolken

KM 11,7 » ZIEL
Parkplatz am Flugplatz Hütten-Hotzenwald

EINZELNE SONNEN-
STRAHLEN ...

 ... sickern fast schon verschüchtert durch die hohen Fichten und Buchen im Hotzenwald. Jeder einzelne ein Finger goldenen Lichts, spielerische Muster auf den bemoosten Waldboden zirkelnd. Beinahe glaubt man, ein übermütiges Lachen zu hören, als das Licht glitzernd und leuchtend auf das klare Wasser der Heidenwuhr trifft. Hotzenwald. Heidenwuhr. Sagenhaft klingt beides. Geheimnisvoll. Orte, an denen die Geschichten vom Glasmännlein, das im Schwarzwald sein Unwesen treiben soll, tatsächlich wahr sind.

Doch auch ganz ohne mythischen Schnickschnack sind die Wuhren so etwas wie die Lebensadern des Hotzenwaldes. Uralte, künstlich angelegte Wasserläufe, die sich kilometerweit durch den Forst winden. Das **Heidenwuhr** vermutlich das Schönste unter ihnen.

DIE FÜSSE IM KÜHLEN WASSER, SCHWEIFT DER BLICK IM LICHT-DURCHFLUTETEN WALD UMHER

Angelegt im 11. Und 12. Jh., lieferten die Kanäle quasi den Treibstoff für die Wasserräder der Hammerschmieden, Sägen und Mühlen im Rheintal. Auch die Bauern zapften die Wuhren bald zur Bewässerung von Feldern und Wiesen an. Weil dann jedoch nicht mehr genug Wasser bei den Mühlen im Tal ankam, gab es Stunk. So musste eine Wuhrordnung her, die regelte, wer wann wo wieviel abzwacken durfte. Ganz unbürokratisch dient die Wuhre heute zwischendurch auch mal als erfrischendes Fußbad. Gekühlten Fußes stiefelt es sich gleich wieder viel leichter.

Im südlichsten Ausläufer des Schwarzwaldes geht es gemütlich zu. Nicht nur die Menschen sind hier tiefenentspannt. Auch der Hotzenwald wirkt wie liebevoll mit grünen Samtkissen ausgelegt. Sieht man genauer hin, erweisen sich die natürlich als dick bemooste Steine. Wie zufällig eingestreut, bedecken sie den Waldboden. Eine weitere Facette des mystisch-schönen Hotzenwaldes. Auf dem Pirschweg hinauf zum **Klingenfelsen** kurz vor dem Ziel der Etappe streicht die Hand immer wieder verwundert über das plüschige Moos. Und immer wieder horcht man auf: Der markante Ruf von Kolkraben schallt wie ein Lachen durch den Wald.

Der Hotzenwald gehört zu den schönsten Landstrichen im Schwarzwald.

Noch nicht über den Wolken, aber startklar. Dauert also nicht mehr lang.

Schau ins Land: Bei guter Sicht reicht der Blick vom Klingenfelsen bis weit in die Schweiz.

WANDERN & GENIESSEN

» START
**Parkplatz Flugplatz
Hütten-Hotzenwald**

Nach rechts, dem Wegweiser Hotzenpfad in Richtung Heidenwuhr folgen.

Die abwechslungsreiche Route folgt zwischendurch dem tollen Hopfenpfad.

KM 1,3

1 Im Märchenwald
Waldbaden

Neben dem Wasser für Mühlen und Schmieden lieferte der Hotzenwald einen weiteren wichtigen Rohstoff für die Schmelzöfen der noch jungen Eisenindustrie am Rhein: Holzkohle. Glücklicherweise mussten sich die Köhler auf Geheiß von Kaiserin Maria Theresia und deren Nachfolgern auch um die Neu- und Wiederaufforstung kümmern. Andernfalls wäre vom Hotzenwald heute wohl nicht mehr viel übrig. Noch ist es etwas früh für eine Pause mit Brotzeit. Trotzdem: Einfach mal stehen bleiben und die Stille genießen. Denn erfreulicherweise sind die Touristenströme im Hotzenwald in der Regel überschaubar.

Bergab. Links. Rechts dem Wegweiser zum Heidenwuhr folgen. Über die Straße und dann den Wasserlauf entlang.

Wenn die Sonne das Wasser in der Heidenwuhr zum Glitzern bringt, verwandelt sich der Hotzenwald in einen magischen Ort.

VATER RHEIN LÄSST GRÜSSEN

KM 7,3

3 Rheinblick
Alles im Fluss

Haben die Wuhren das Wasser mit ihrem geringen Gefälle von gerade einmal ein bis zwei Prozent mühsam über die Wasserscheide geschleppt, fließt es über kurz oder lang irgendwo in den Hochrhein, quasi der Oberboss der Gegend. Ohne ihn geht hier nichts: Er ist Grenzfluss, Wirtschaftsmotor und Energielieferant in einem. Immer wieder ist der Strom auf dem weiteren Weg jetzt zu sehen, aber hier macht er als silbrig schimmerndes Band erstmals auf sich aufmerksam. Bei guter Sicht gibt's ein Alpenpanorama gratis dazu.

Geradeaus über die Landstraße. Auf dem Pirschweg weiter bergauf Richtung Wallmauer.

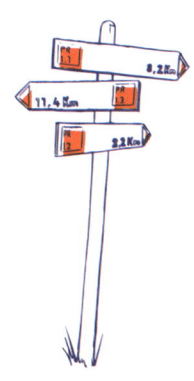

KM 2,3

2 Bank am Heidenwuhr
Wasser-Marsch

Das kurvenreiche Heidenwuhr ist prinzipiell überall zugänglich. Breiter als ein Meter wird es nur ganz selten. Zudem ist der Wasserlauf mit 20 bis 50 Zentimetern nicht wirklich tief. Schwimmen wird da zwar schwierig, dafür juckt es um so mehr in den Wanderfüßen! Das klare, kühle Wasser lockt besonders an einer geschwungenen Bank nicht allzu weit nach dem Beginn des Heidenwuhr. Also: Raus aus den Schuhen und rein in's Wuhr! Der Grund ist größtenteils sandig mit nicht allzu großen oder spitzen Steinen durchsetzt, sodass man durchaus auch mal eine Weile im Wasser weiterschlendern kann.

An der Wuhre entlang. Vor der Landstraße rechts. In Bergalingen rechts auf den Kirchensteig. Weiter auf Im Schächle. Am Ortsausgang links. Hinter dem Maisfeld rechts. Dann links halten und zunächst den Wegweisern des Hotzenpfades folgen. Am Waldrand entlang dann rechts. Immer geradeaus und über die Landstraße. Dann wieder auf dem Hotzenpfad weiter.

Auch wenn die Wackersteine schon lange vom Moos überwuchert sind, ist die Wallmauer noch zu erkennen.

KM 9,5

5 Klingenfelsen
Picknickbank über den Dingen

Lange sieht man vom Rhein oder gar den Alpen rein gar nichts. Der Wald versperrt auf charmante Weise stets die Sicht. Dann aber weichen die Bäume und geben einen prächtigen Ausblick frei. Unten präsentiert sich Wehr, auch der Rhein wirkt zum Greifen nah. An manchen Tagen guckt man von hier bis nach Basel. Ein Logenplatz mit Breitwand-Panorama. Davor balanciert der Klingenfelsen in luftiger Höhe. Namenspatron dieser imposanten Felsformation ist wohl der Ritter, Haudegen und Minnesänger Walther von Klingen, ein Superstar seiner Zeit, der Brad Pitt des Mittelalters. Angemessen für diese epische Aussicht.

Der Beschilderung des Hotzenpfades und den Wegweisern zur Fliegerklause folgen.

KM 8,3

4 Wallmauer
Schicht für Schicht

So friedlich und idyllisch, wie sich der Hotzenwald heute präsentiert, war es hier nicht immer. Gut, das ganz große Hauen und Stechen ist schon wirklich lange her. Seine Überbleibsel lassen sich aber immer noch entdecken. Zugegeben, die Reste der Trockenmauer, die schon im 13. Jh. als Bollwerk gegen jedwede feindlichen Unholde aus westlicher Richtung diente, würde man auf den ersten Blick nicht unbedingt sofort als Premium-Wehranlage erkennen. Dass die aus dicken Wackersteinen aufgeschichtete Schanz, wie sie die Wallmauer hier auch nennen, eine robuste Konstruktion war, vor der man gehörigen Respekt entwickeln konnte, das erkennt man dann aber auf den zweiten Blick sehr wohl.

Hinauf. Weiter. Immer weiter. Verlaufen geht nicht.

Gut ausbalanciert: der markante Klingenfelsen oberhalb von Wehr.

Nicht zur Luftaufsichtsbaracke, sondern zur Fliegerklause. Auf ein köstliches Cordon Bleu

EXTRA INFOS:

Die Rundtour folgt zwar immer wieder dem Premium-Wanderweg Hotzenpfad, geht aber auch eigene Wege. Wer einen weiteren Aussichtspunkt in Richtung Schweiz ansteuern möchte, kann an der Kreuzung bei Stopp 3 zunächst links abbiegen und einen Abstecher zum ● **Solfelsen** machen. Anschließend geht's wieder zurück auf die ursprüngliche Route.

KM 11,5

6

Fliegerklause
Über den Wolken

KM 11,7 » ZIEL
Parkplatz Flugplatz Hütten-Hotzenwald

Den Ohrwurm von Reinhard Mey auf den Lippen, geht's in den Endspurt. Am höchsten Punkt der Runde wartet die verdiente Einkehr. In der gemütlichen Fliegerklause am Segelflugplatz Hütten wird durchgehend gut bürgerliche Küche serviert. Steht nicht nur auf dem Schild, ist auch so. Wer sich nicht entscheiden kann: Das Cordon Bleu ist ein Gedicht. Von der Terrasse lässt sich dann schlemmend das Starten und Landen der Segelflieger auf dem Flugplatz beobachten. Bei guter Sicht bietet sich außerdem ein grandioser Blick auf die Schweizer Alpenkette (www.fliegerklausehuetten.de).

Der Parkplatz ist von hier bereits in Sichtweite.

Propellermaschinen sind deutlich in der Unterzahl: Der Flugplatz ist fest in Seglerhand.

HIER GLITZERT DER
WASSERLAUF IN DER SONNE

SPEKTAKULÄRE AUSSICHT
AUF DEN RHEIN

1 Im Märchenwald

2 Bank am Heidenwuhr

5 Klingenfelsen

6 START & ZIEL Parkplatz Flugplatz Hütten-Hotzenwald

Fliegerklause

Flugplatz Hütten-Hotzenwald

Heuberg
886

Glashütten

Glashütten

Glashütten

Seebach

Altbach-Seelbach

Hütten

Hütten

Hütten

Ringweg

Ematweg

Heidenwuhr

Klingenweg

Klingenweg

Schellenberg

Strick

Strick

Dorfbach

Dorfbach

Rütehof Im Tannwald

Rütehof

Roßrückerweg

Seebach

Schleckenbach

Bauernhofcamping
Rütehof

Wehra-Straße

Fischgraben

Fischgraben

UNTER EINEM DACH AUS BLÄTTERN

Heidenwuhr

Kirchensteig

Bergalingen

Eggbergstraße

Im Dorf

Im Schäble

Dekalog-Platz

AUF EINEN BLICK

» **Start/Ziel:** Parkplatz am Flugplatz Hütten-Hotzenwald

» **Strecke:** 11,7 km (Rundtour)

» **Reine Wanderzeit:** 3 Std. 15

» **Höhenmeter:** ↗ 235 m ↘ 235 m

» **Wegbeschaffenheit:** Schotterwege, Waldpfade, kurze Asphaltpassagen. Größtenteils im Schatten.

» **Beste Zeit:** Am erfrischendsten ist das Wasser der Wuhre von Juni bis September.

» **Ausrüstung:** Proviant. Fernglas für den Blick zum Rhein und vom Klingenfelsen.

3 Rheinblick

4 Wallmauer

EIN GANZER WALD VOLLER GRÜNER SAMTKISSEN

Spitznasengraben

Spatzenhof

● Solfelsen

Königsgraben

N

0   0,5   1 KM

AUCH NOCH GANZ NÜTZLICH

ORTSREGISTER

IMPRESSUM

» **Text:**
Kai Glinka & Florian Wachsmann

» **Cover- und Buchgestaltung:**
Carolin Weidemann, Köln, www.weidemann-design.com

» **Lektorat & Produktion:**
Simone Nörling, Köln, www.derschoenstesatz.de

» **Projektmanagement:**
Susanne Heimburger, Tamara Siedler

» **Fotos:**
Titelfoto: Shutterstock.com/Reinhard Frank; Fotos Innenteil: Kai Glinka mit folgenden Ausnahmen: Hochschwarzwald Tourismus GmbH (S. 34, 37 o. und u., 40, 41, 210); Florian Wachsmann (S. 34–51, 94–11, 184–191); Matthias Wolpert (S. 51)

» **Kartografie:**
©KOMPASS-Karten GmbH, kompass.de unter Verwendung von ©OpenStreetMap Contributors, osm.org/copyright

» **S. 222 / 223:**
Marie Geißler (Illustration), Jens Bey (Text)

1. Auflage 2024
© 2024 DuMont Reiseverlag, Ostfildern
ISBN 978-3-616-03272-6

www.dumontreise.de

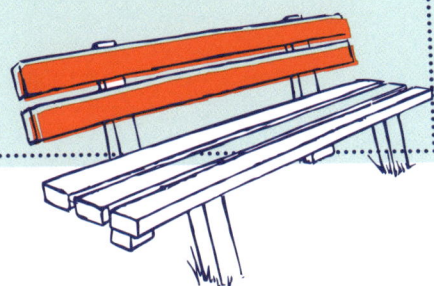

MIX
Paper from responsible sources
FSC® C139602

RECHTS ODER LINKS? IMMER WISSEN, WO'S LANGGEHT!

>> **TOURENVERLAUF**
GPX-Daten zum kostenlosen Download
www.dumontreise.de/wanderzeit/hoch-
suedschwarzwald

GPX-DOWNLOAD AUFS SMARTPHONE – SO GEHT'S

>> **Voraussetzung:**
Eine Outdoor-App muss installiert sein, z. B. KOM-
PASS, Outdooractive oder Komoot. Zum Einlesen
des QR-Codes benötigen ältere Android-Geräte
eine QR-Code-App. Bei neueren Android- und
iOS-Geräten ist diese Funktion in der Kamera in-
tegriert.

>> **Daten downloaden:**
1. Den QR-Code einlesen oder die Webadresse
   im Browser eingeben, um auf die Wanderzeit-
   Website zu gelangen.
2. Die gewünschte Tour zum Download anklicken.
3. Bei iOS-Geräten werden die GPX-Daten direkt
   mit der vorab installierten App verknüpft. Bei
   Android-Geräten muss ggf. noch ein Weiter-
   leiten-Button geklickt werden (z. B. rechts
   oben im Display). Manche Apps zeigen den
   Tourverlauf starr an, andere haben eine Navi
   gationsfunktion dabei.

WEITERWANDERN ...

ISBN 978-3-616-03269-6

ISBN 978-3-616-03233-7

ISBN 978-3-616-03228-3

ISBN 978-3-616-03229-0

... ODER LIEBER MAL RADELN?

RADELZEIT IN & UM MÜNCHEN
Herrlich entspannte Touren zum Runterschalten & Genießen
Nadine Ormo
ISBN 978-3-616-03199-6

RADELZEIT IN DER PFALZ
Herrlich entspannte Touren zum Runterschalten & Genießen
Thomas Diehl
ISBN 978-3-616-03195-8

RADELZEIT IN OSTFRIESLAND
Herrlich entspannte Touren zum Runterschalten & Genießen
ISBN 978-3-616-03192-7

RADELZEIT IN DER REGION RHEIN-MAIN
Herrlich entspannte Touren zum Runterschalten & Genießen
Sandra Kühn
ISBN 978-3-616-03189-7

Noch mehr Outdoor-Inspiration gibt's im gut sortierten Buchhandel und unter **www.dumontreise.de**

ANTI-RUCKSACK-AUTSCH-ÜBUNGEN

1. Kreise 30 Sekunden mit den Schultern nach hinten und unten.

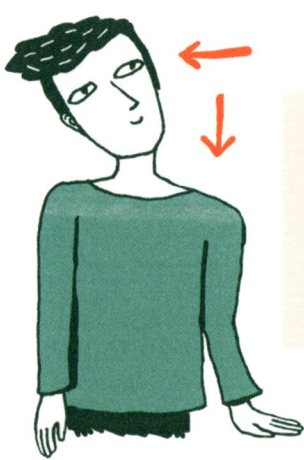

2. Den Nacken ziehst du in Form, indem du den Kopf langsam, ohne ihn zu verdrehen, zur rechten Schulter neigst. Den linken Arm schiebst du dabei langsam nach unten, die Handfläche zeigt zum Boden. Ruhig atmen, 15 Sekunden halten, dann wechselst du die Seite.

3. Die Brust entspannt sich, wenn du deine Arme seitlich nach hinten bewegst, mit den Handflächen zur Decke. 15 bis 20 Sekunden lang in der Dehnung bleiben und dabei kein Hohlkreuz machen.

4. Die Schulterbrücke stärkt den Rücken. Lege dich auf einer Matte auf den Rücken, stelle die Beine hüftbreit auf, die Arme liegen gerade am Boden. Dann hebst du das Becken an, sodass der Körper eine gerade Linie bildet. Absenken und wieder anheben.

5. Prima Päckchen: Ziehe die Knie zur Brust heran, umfasse sie mit den Händen und atme aus. Lockere die Knie etwas und ziehe sie wieder heran. Das dehnt die Muskulatur an der Wirbelsäule und macht dich wieder beweglicher.

6. Zum Schluss entspannst du ein paar Atemzüge auf dem Rücken, Arme und Beine locker von dir gestreckt.

DIE PERFEKTE TOUR ...

#FÜR NEUGIERIGE

Nachhaltiges Handwerk: Gesägt, gemahlen und geseilert wird hier ganz traditionell mit Wasserkraft. Steile Felswände, Wasserfälle und Moore gibt's ganz nebenbei dazu.

>> **TOUR 7, S. 74**

#FÜR SONNENHUNGRIGE

Am sonnenverwöhnten Weinberg kommen nicht nur die Reben auf ihre Kosten. Vom Sonnenbad auf der Blumenwiese entspannt zur nächsten Bank schlendern.

>> **TOUR 6, S. 64**

#FÜR WASSERRATTEN

Mit Anlauf in den See? Kein Problem, denn die Runde führt immer wieder ans Wasser. Besonders gut planscht es sich am höchstgelegenen Sandstrand des Schwarzwaldes.

>> **TOUR 15, S. 154**

#FÜR LECKERMÄULER

Von der heimischen Räucherforelle über ein Stück Schwarzwälder Kirschtorte bis hin zum Wurstsalat mit Weitblick führt der Weg zu gleich drei Einkehrstopps.

>> **TOUR 9, S. 94**

#FÜR FAULE

Mit gerade mal 255 Höhenmetern, einer Pause im Kneippbecken und einer Ankunft im Naturfreibad ist die Runde eher ein Wellnesstrip als ein Pulsbeschleuniger.

>> **TOUR 3, S. 34**